现代日语语言学丛书

池上嘉彦　尾上圭介　顾问

潘钧　林洪　主编

语法学
YUFAXUE

于康　著

高等教育出版社·北京

图书在版编目(CIP)数据

语法学/于康著.--北京:高等教育出版社,2012.3(2017.3重印)

(现代日语语言学丛书/潘钧,林洪主编)

ISBN 978-7-04-034599-5

Ⅰ.①语… Ⅱ.①于… Ⅲ.①日语-语法学 Ⅳ.①H364

中国版本图书馆 CIP 数据核字(2012)第 049232 号

| 策划编辑 | 李 炎 | 责任编辑 | 张博学 | 封面设计 | 张 楠 |
| 版式设计 | 刘 艳 | 责任校对 | 张博学 | 责任印制 | 田 甜 |

出版发行	高等教育出版社	咨询电话	400-810-0598
社 址	北京市西城区德外大街4号	网 址	http://www.hep.edu.cn
邮政编码	100120		http://www.hep.com.cn
印 刷	北京人卫印刷厂	网上订购	http://www.landraco.com
开 本	880mm×1230mm 1/32		http://www.landraco.com.cn
印 张	8.625	版 次	2012年3月第1版
字 数	243千字	印 次	2017年3月第3次印刷
购书热线	010-58581118	定 价	25.00元

本书如有缺页、倒页、脱页等质量问题,请到所购图书销售部门联系调换

版权所有 侵权必究

物 料 号 34599-00

卷首语

随着中国的日益开放，与世界各国的来往和交流日益密切，学习和研究外语成为当今中国的一个热潮。日语是国内第二大外语语种，特别是在20世纪90年代以后，全国有很多院校增设了日语专业课程，已有近百所高校具备了日语专业硕士培养资格，拥有日语专业博士学位授予权的学校也已不少于20所，中国的日语教学和研究获得了前所未有的空前发展，并且，这个势头方兴未艾，未来发展的空间还很大。但令人遗憾的是，虽然面向初学和在校本（专）科生的教材教参以及词典等工具书出了很多，可是面向日语语言学方向研究生使用的教材还付之阙如。教师在授课时只能复印或开出参考书目，对于日语资料缺乏的地区来说，参考资料尤难找到，更毋庸说复印了。而且，对于我国学习者来说，日本出版的各类参考书有很多是为本国读者服务的，缺乏针对性和适用性，使用起来不太方便。这一状况严重制约了我国日语研究生培养水平和日语研究水平的整体提高。

鉴于此，我们发起编著本丛书，以满足国内日语研究生培养的需要，同时也期望借此推动中国日语研究的进步和发展。本丛书的特色在于，面向中国读者和学习者，注重吸收前沿成果，融理论与语言事实于一身；不仅概述各学科的对象、方法和任务，还详细介绍各种学派观点，并以中国学者的视角对其进行客观评述，以形成该领域相对完整的理论框架及知识结构；同时力争引导学生在学习过程中掌握研究方法，培养问题意识，为进一步学习研究打下一个良好的基础。本丛书适合日语语言专业研究生、教师以及社会自学人员使用。

丛书主编

前　言

　　说到语法研究，也许会有很多人觉得枯燥无味，也许还会有人怀疑这个世界上到底有没有研究语法的必要。这话没错，不过话又要说回来，枯燥无味这个概念是相对的，喜欢者觉得其乐无穷，不喜欢者才会觉得味同嚼蜡。

　　语法研究与物理化学研究一样是为了解谜。为什么只有人类才会使用语言是一个谜，人类使用的语言尽管不同，可这些不同的语言之间竟然可以相互沟通也是一个谜。语法研究除了解谜之外，还有一个重要的任务就是抽取并阐明正确造句和得体使用句子的规则，以此贡献于语言教学。

　　北京大学潘钧老师主编一套丛书，要我写语法方面的内容。虽然我乐于此道，但只能自娱自乐，况且自己才疏学浅，真怕耽误了他人前程。后来潘钧老师告诉我，书中可以多介绍他人的学说，于是觉得轻松了许多，便贸然答应下来。

　　语法研究有很多话题，一本语法书应该涉及的话题绝对不止14个。但是，考虑到本书主要是为了用作语法研究的入门教材，对象为大学3、4年级、研究生和对语法感兴趣的年轻教师，而且最好能在一个学期内学完，于是就在众多的话题中精选了14个，写成15章。希望读者读完这14个话题，可以对日语语法研究有一个初步的了解，给今后的学习和研究奠定一个基础。

　　本书的内容主要来自我在关西学院大学文学部和研究生院多年来的讲课内容。我在教课时，通常先讲纵向发展即历时研究，后讲横向发展即共时研究。不过，为了便于学习者了解各个话题的研究现状，本书强化了代表性学说的内容，淡化了我个人的观点。

　　最后有一点需要强调的是，在日语语法研究中，有很多术语或概

念并没有一个清晰的定义，有的甚至是循环论证或说明。比如，宾语和他动词的界定，这两个术语有的时候就互为根据，而且，我们只能界定出所谓具有典型意义的宾语和他动词，而无法给出一个宾语和他动词的准确的定义。因此，在学习和研究日语语法的时候，需要勤思考、多怀疑、找反例、常论证，这样才能真正推动日语语法研究的发展和深入。

于　康

2012年2月

目 录

第1章 1
语言之谜与日语语法研究的起点   1
1.1 具有普遍性的语言基础模式   1
1.2 语法研究的两个问题   2
1.3 3类日语语法的研究者   4
1.4 以量体裁衣的方式选择研究目的和研究课题   5
    1.4.1 语法研究的步骤   5
    1.4.2 规则的归纳   6
    1.4.3 研究课题的选择   9
思考题   13
本章参考文献   14

第2章 15
语法观与句子的基本类型   15
2.1 关于句子基本结构的语法观   15
    2.1.1 主谓结构学说   15
    2.1.2 动词中心说   18
    2.1.3 两种语法观的对立和融合   20
2.2 日语句子的基本类型   20
    2.2.1 系词句   21
    2.2.2 动词谓语句   23
    2.2.3 形容词谓语句   26
    2.2.4 存在所有句   27
思考题   29
本章参考文献   29

第3章 31

共现论元的类型与论元的解释 31

- 3.1 从语义角度研究语法的必要性 32
- 3.2 菲尔墨的格语法 33
- 3.3 必有论元和可有论元 34
- 3.4 日本学者的论元分类 37
- 3.5 句法成分与论元的关系 38
- 3.6 论元解释的模糊性 40
- 思考题 41
- 本章参考文献 42

第4章 43

宾语的界定与动词的类型 43

- 4.1 他动词和自动词的定义 43
- 4.2 宾语的界定 44
- 4.3 经典性的他动词界定标准 46
  - 4.3.1 松下界定他动词的"「を」格名词共现标准" 46
  - 4.3.2 三上的「能動詞」与「所動詞」 51
- 4.4 成对他动词与非成对他动词和非成对自动词 53
- 4.5 界定他动词的可行性 54
- 思考题 56
- 本章参考文献 56

第5章 58

自动词的分类与语义指向的制约 58

- 5.1 非宾格性假设 58
- 5.2 Perlmutter & Postal（1984）的分类 59

5.3 非作格自动词与非宾格自动词   60
    5.3.1 根据主语在句中充当的角色来界定非作格自动词和非宾格自动词   60
    5.3.2 岸本的"动词连用形＋かけのNP"界定模式   62
5.4 "非作格自动词和非宾格自动词"分类的应用案例   63
    5.4.1 存在句的句式分析   64
    5.4.2 副词「いっぱい」的语义指向   65
思考题   68
本章参考文献   68

第6章 70
语法研究中的意志动词与意志性   70
6.1 意志性动作   71
6.2 意志动词   72
6.3 他动词与意志性   74
6.4 致使动词与意志性   76
6.5 表施事意志的动词分类与语义连续统   78
思考题   79
本章参考文献   79

第7章 81
动作链的语义结构模式与语义模糊性   81
7.1 补足语与副词的语义类型   81
7.2 动作链的语义结构模式   83
7.3 补足语和副词的语义类型与动词的语义制约   84
7.4 动词蕴含义的分类   86
7.5 同一个动词的语义模糊性   86
7.6 动词的语义类型与蕴含义   87

思考题	89
本章参考文献	89

第8章 90

复合动词的类型与语法化 90

8.1 具有代表性的前人学说 91
- 8.1.1 寺村的分类和解释 91
- 8.1.2 影山的分类和解释 93
- 8.1.3 石井的分类和解释 97

8.2 复合动词的语法化问题 100

思考题 102
本章参考文献 102

第9章 104

副词性修饰成分与语义指向 104

9.1 副词性修饰成分的界定 106
9.2 副词性修饰成分的分类 107
- 9.2.1 山田的定义和分类 107
- 9.2.2 中右的定义和分类 109
- 9.2.3 益冈·田洼的定义和分类 111
- 9.2.4 仁田的定义和分类 113

9.3 副词性修饰成分表义功能的模糊性 116
9.4 副词性修饰成分的语义指向 117
9.5 副词性修饰成分之间的共现顺序 119

思考题 120
本章参考文献 120

第10章 122

日语的位移动词与位移句 122

- **10.1** 位移动词的分类与定义 122
- **10.2** 位移物位移的分类 126
- **10.3** 位移与变化的模糊性 127
- **10.4** 趋向位移动词与移动方式位移动词 129
- **10.5** 位移论元的共现条件 131
- 思考题 135
- 本章参考文献 136

第11章 138

日语的时间表达 138

- **11.1** 动作或事件与时间的关系 138
- **11.2** 日语表达时间关系的主要语法标记与表义功能 141
- **11.3** 时间表达与动词的类型 144
  - 11.3.1 金田一的观点 144
  - 11.3.2 奥田的观点 145
  - 11.3.3 工藤的观点 145
- **11.4** 日语时体研究的发展 148
- 思考题 152
- 本章参考文献 152

第12章 156

「Vた」和「Vている」的表义功能 156

- **12.1** 「Vた」的表义功能 156
  - 12.1.1 「Vた」的语义分类 156
  - 12.1.2 尾上的观点 158
  - 12.1.3 谓语形式的类型与「Vた」的语义指向 160

12.2 「Vている(た)」的表义功能 　　　　　　　　161
　　12.2.1 「Vている(た)」的语义分类 　　　　　　161
　　12.2.2 动词的类型与「Vている(た)」的语义指向 　164
　　12.2.3 「Vている(た)」表义功能的模糊性 　　　166
　　12.2.4 「犯人は犯行後ここでラーメンを食べている」
　　　　　 的表义功能 　　　　　　　　　　　　　　167
12.3 研究者的解释与使用者的理解之间的差异 　　　169
思考题 　　　　　　　　　　　　　　　　　　　　　172
本章参考文献 　　　　　　　　　　　　　　　　　　172

第13章　175

日语的致使句与致使句研究 　　　　　　　　　　　175
13.1 日语致使句的定义 　　　　　　　　　　　　　175
13.2 日语致使句研究 　　　　　　　　　　　　　　177
　　13.2.1 佐藤的观点 　　　　　　　　　　　　　　177
　　13.2.2 森田的观点 　　　　　　　　　　　　　　186
　　13.2.3 小池的观点 　　　　　　　　　　　　　　189
　　13.2.4 早津的观点 　　　　　　　　　　　　　　192
13.3 日语致使句研究的遗留问题 　　　　　　　　　194
思考题 　　　　　　　　　　　　　　　　　　　　　196
本章参考文献 　　　　　　　　　　　　　　　　　　196

第14章　198

日语的被动句与被动句研究 　　　　　　　　　　　198
14.1 日语被动句的定义和分类 　　　　　　　　　　199
14.2 有标被动句与无标被动句 　　　　　　　　　　200
14.3 直接被动句与间接被动句 　　　　　　　　　　201

14.4 有关日语被动句分类的前人研究　　202
- 14.4.1 寺村的观点　　202
- 14.4.2 益冈的观点　　203
- 14.4.3 工藤的观点　　205
- 14.4.4 仁田的观点　　209
- 14.4.5 影山的观点　　212

14.5 日语被动句分类的尝试　　217
- 14.5.1 根据动词的类型来分类　　218
- 14.5.2 以主语为标准来分类　　218

14.6 从日译汉或汉译日角度研究日语的被动句　　219

思考题　　222
本章参考文献　　222

第15章
日语的否定句与否定表达的研究　　225

15.1 日语否定的表达形式—怎么否定　　226
- 15.1.1 日语的词汇否定形式　　226
- 15.1.2 日语的语法否定形式　　228

15.2 日语语法否定标记的否定对象—否定什么　　231

15.3 全部否定和部分否定　　233

15.4 双重否定句与表义功能　　237
- 15.4.1 V否定形式 + 否定形式　　237
- 15.4.2 Vなくない　　238

15.5 否定疑问句的选择与对人关系　　242
- 15.5.1 ～ではないか　　242
- 15.5.2 「～ませんか」和「～ない」　　244

15.6 否定句与否定表达以及研究课题	246
思考题	247
本章参考文献	247
后记	249
索引	249

第1章

语言之谜与日语语法研究的起点

　　语言蕴藏着许多谜。而且，这些谜的谜底都藏得很深，要找出来很不容易。可是，人的本性就是喜欢解谜，你藏得越深我就越要把你找出来，揭开你的面纱。于是才会有很多人迷上语言研究，而且坚持不懈，乐此不疲。不过，解谜之前，需要首先对对象有所了解。下面，我们就和大家一起去粗线条地熟悉一下我们今后要研究的对象：日语语法。

1.1 具有普遍性的语言基础模式

　　不知道大家想过这个问题没有，为什么人会使用语言？

　　尽管居住的地域不同、肤色不同、种族不同，不管彼此是否通商或接触过，大家都可以使用语言来传递信息、表达思想。

　　同时，我们在与外国人打交道时可以很容易地发现，尽管彼此的母语不同，但在表达同一个事物或事件（イベント／event）时，语言表达的逻辑在很多方面都很相似。无论是具体的事件还是抽象的事件，有很多表达思路竟会不谋而合，而且基本上都可以理解。

　　另外，幼儿和儿童在习得语言时，母亲和周围的亲属所给予的语言刺激并非是完整的，而且，所获得的语言信息量也是有限的，有的时候是一个个的单词，即便是句子，句子的结构往往也是零散的，不全面的。柏拉图将这种现象称做"刺激的贫困性（刺激の貧困/poverty of stimulus）"。然而，幼儿或儿童却并不会因此而无法习得语言，他们通常都会在短短

的几年之内，在外界语言刺激不完整的情况下获得母语。

于是，语言学家就提出了一个大胆的假设，人的大脑里一定存在具有普遍性的语言基础模式。

因为无论你的父母是哪个国家、哪个地区或哪个民族的人，你都会很自然地获得（獲得/acquisition）你所生活的那个国家或地区的语言。这个现象仅靠后天的刺激反应似乎是很难解释得通的。

如果我们承认人的大脑里存在具有普遍性的语言基础模式，那么，抽取出这个模式应该是语言研究的目标。要抽取这个模式，并证明这个模式具有普遍性，我们首先需要对个别的具体语言进行研究，抽取出个别语言中各种具体的语言表达规则。然后，在这个基础上，再与从其他语言中抽取出来的规则进行比较、验证，去伪存真，从而抽取出一个涵盖性最大的基础模式。

1.2 语法研究的两个问题

先举一个具体的例子来观察一下普遍性的语言基础模式的问题。

当需要表达"某处存在某物"这个事件时，英语通常使用"处所词倒置句（場所格倒置構文/Locative Inversion Construction）"[1]、日语通常使用"处所词前置存在句"[2]、汉语通常使用"存现句"来表达。比如：

（1）Onto the ground had fallen a few leaves.
（2）On the corner was standing a woman.
（3）On the table was placed a tarte Tatin.
（4）その頁には何人かの顔写真が並んでいた。（容疑者Xの献身）[3]
（5）食事の用意が出来上ると、居間に食卓が置かれ、三加代の手料理が並べられた。（白い巨塔）

---

[1] 具体请参照小野（2005:186）。例句（1）（2）（3）也来自小野（2005）。
[2] 具体请参照于康（2007）。
[3] 例句基本来自：（1）YUKANG语料库2009（约1亿字）、（2）『日本語動詞の結合価』（获野孝野·小林正博·井佐原均编，三省堂2003）。未标明出处来源的例句，有的是自造的例句，有的是对语料库的语料进行加工后的例句。

第1章　语言之谜与日语语法研究的起点

（6）本当にほしいたった一枚のカードにさえ巡り会えないとしても、腹を立ててはいけない。いらいらする必要はない。ルートの気が済めばそれでいい。<u>押入にはちゃんと</u>プレゼントが<u>隠してある</u>。（博士の愛した数式）

（7）昨年秋に届いた<u>手紙には</u>、彼の父の死が<u>報告されてあっ</u><u>た</u>。（朝日DNA—聞蔵—2001年04月03日）

（8）<u>桌子上</u>放着<u>一本书</u>。

（9）<u>海里</u>沉了<u>一条船</u>。

（10）<u>前面</u>走来<u>三个人</u>。

考察英语、日语、汉语用来表达"某处存在某物"所使用的句式，可以归纳为表1-1。

表1-1 "某处存在某物"句式的英日汉比较

某处存在某物	英语	日语	汉语
① 表处所的词必须置于句首，而且不能省略。	○	○	○
② 非宾格动词[4]	○	○[5]	○
③ 他动词被动态[6]	○	○	○（无标）[7]
④ 非作格动词[8]	？	△	○

---

[4] "非宾格自动词"的定义详见第3章。主要指的是以受事（"受事"通常指的是直接受动作作用的有生物或无生物，而不是直接进行该动作的有生物或无生物，通常他动词主动句中用做"宾语"的成分中最多的是表受事的宾语）作主语的自动词句中的动词。比如，「電気がつかない」。这个句子中，「電気が」虽然用做主语，但不是「つく」的施事（"施事"通常指的是直接进行动作的有生物），而是受事。

[5] 这里暂时不涉及语序问题。

[6] 请参见本章注11。

[7] 在这个句式里，汉语虽然在形式上用的不是他动词被动态，即没有被动语法标记"被""叫""让""给"等共现，但在语义上表达的却是被动义。比如，"桌子上放着一本书"这个句子不能理解为"我（进行'放'这个动作的人）桌子上放着一本书"。句中用做主语的"桌子"表达的不是进行"放"这个动作的施事，而是被什么人"放"东西的场所。所以这个句子在语义上应该理解为"桌子上被谁放了一本书，这本书现在还在桌上（被）放着"。由于这里的被动义是依据语义，而不是依靠语法标记来表达的，所以通常称做"无标"被动句。

[8] "非作格自动词"的定义详见第3章。主要指的是以施事作主语的自动词句中的动词。比如，「太郎が走る」这个句子中，「太郎が」用做主语，表进行该动作的施事，而不是受事。

也就是说，如果暂时排除语言的个性，英语、日语、汉语用来表达"某处存在某物"这个事件时，所使用的句式之间存在一些共性规则。即表示处所的词都必须置于句首，动词通常为他动词的被动态或非宾格动词。

如果不是上帝创造语言，如果创造英语的人、创造日语的人和创造汉语的人并没有召开国际会议商讨应该采用何种统一的语言句式来表达"某处存在某物"这个事件[9]，如果各自句式的相似不是纯粹的偶然巧合，那么，人们就会很自然地推测，可能在人类的大脑中存在一种具有共性意义的、用来表示"某处存在某物"这个现象的语言基础模式。

为了弄清这个基础模式的真相，至少需要弄清两个问题。
① "某处存在某物"这个概念在某个个别语言中将会采用什么样的句法形式来表达?制约这个句式成立的规则又是什么?
② 究竟是什么因素在控制以该语言为母语的人必须选择这个句式来传递信息。

1.3 3类日语语法的研究者

研究日语语法的人可以分为3大类:
① 日语为非母语，并未在日本长期留学或居住的研究者。
② 日语为母语的研究者。
③ 日语为非母语，在日本长期留学或居住的研究者。

显然，在中国国内要从事日语语法研究的人大多数都应该属于第1类。未在日本长期留学或生活、只靠在国内学校的学习来掌握日语的人与另两类研究者相比存在不可否认的差异，其主要表现在以下3个方面上:

---

[9] "创造语言者并没有开会讨论过"这个思路来自东京大学的尾上圭介教授在2008'清华大学日本语言学国际研讨会上的基调报告。

① 句子的正误判断。
② 言外之意的理解。
③ 语感和语义之间微妙差异的把握。

特别是只在大学学过4年（或五、六年）日语，还不能达到自如地理解和运用，即尚未达到双语（バイリンガル/bilingual）[10]水准的人，突然要他去研究日语语法，的确难度很大，常常会感到无从下手。这就好比一个刚刚从医学院毕业出来的学生，尽管他学了5年的医学知识，对外科感兴趣，也参加过一些实习，但突然要他去做胃切除手术，不要说患者不同意，就是他自己恐怕也不敢冒这个险。

也就是说，只有正视自身的条件，不去选择力不从心的研究内容，以量体裁衣的方式去选择研究课题，这样才能人尽其才，学以致用。

1.4 以量体裁衣的方式选择研究目的和研究课题

1.4.1 语法研究的步骤

研究语法的步骤有两个：第一步是归纳，第二步是解释。归纳指的是从看似杂乱无章的现象中提取出某种规则；解释指的是说明该规则之所以成立的原因。

归纳规则只要有语料，具备一定的逻辑思维能力和归纳能力就可以去做。解释规则需要熟悉各种语言学理论，并能对自己擅长的语言学理论做到运用自如，得心应手。

对国内大学的日语专业的本科生和硕士研究生来说，最主要的研究目的可以先放在归纳规则上，然后再去追求解释规则。

从另一方面来说，对于国内的学生而言，研究日语也并非毫无优势可言。首先，日语学习者往往更容易发现日语母语说话人熟视无睹

---

[10] 关于双语，采用東（2009:159）的定义：「2つ（あるいは2つ以上）の言語を使いながら、会話を十分に続けることが出来る人」。

的语言现象；其次，日语学习者在日语学习的过程中，经常会碰到难以理解和掌握的语法现象，也许这恰恰就是尚未归纳出合理规则的有待研究的课题。

1.4.2 规则的归纳

我们在学习日语的时候，都会有过这样的体验，即希望能够从教师那里得到两种解释。一种是成句规则的解释，一种是句式运用规则的解释。掌握了这两个规则，一者可以依据成句规则造出正确的句子，二者可以依据句式运用规则去得体地使用该句子来传递信息。

但是，事实上这个愿望往往很难实现。要么总造不出正确的句子来，要么即便造出来的句子符合语法规则，但往往又用不好，不是用错了地方，就是用得不得体。

不过，有的时候，并非是因为教师的水平不够，而是因为该规则有可能并未被研究归纳出来。

我们可以举一个句子来说明这个问题。

（11）授業が終わる。

（12）授業を終わる。

（13）授業を終える。

这三个句子都表示"下课"的意思。当我们询问学生，一节课上完时，下课之前老师该说

（14）これで授業を終わります。

还是该说

（15）これで授業が終わります。

时，日本学生基本上都会选择前者而不是后者，而中国学生大多数都会选择后者而不是前者。实际上，正确的说法应该是前者，而不是后者。

动词可以分为及物动词（transitive verb）和不及物动词（intransitive

verb)两大类。日语将前者称做「他動詞」，将后者称做「自動詞」[11]。我们区分他动词和自动词时，往往会以他动词带宾语（目的語/object）[12]，自动词不带宾语来作为一个区分的条件。

在日语的动词分类中，通常「終える」被看做他动词，而「終わる」被看做自动词。如果是到时间下课，日语学习者自然会选择「これで授業が終わります」，而不会选择「これで授業を終わります」的说法。

但是，「終わる」在句中除了要求受事（対象/theme）做主语外，还可以如例句（16）所示，允许施事（動作主/agent）「紹安」做主语，受事「掃除を」做宾语。

（16）紹安がスッカリ掃除を終わった時、利休は、「まだ十分でない」といって（YUKANG语料库）

由于（12）和（16）的例句都可以看做施事做主语，因此，句中的「を」格也都可以看做宾语的语法标记[13]，这里的「終わる」就成了他动词的用法了。所以，现在有的词典就直接将「終わる」归为兼类动词，既是自动词也是他动词。

通过对例句的考察和归纳，也许可以得到这么一个假设：

当有生物用做主语时，「終わる」要求宾语共现[14]，句法功能上相当于他动词，由于其不用来表达施事的意志性动作，因此在表义功能上相当于无意志自动词。「終える」要求宾语共现，在句法功能上

---

[11] 这只是一种暂时性的叫法。因为汉语、英语、日语对及物动词和不及物动词的划分标准和定义都不尽相同。也就是说，我们不能完全用英语的（及物或不及物）标准来划分和定义日语的「他動詞」和「自動詞」。行文中出现"他动词"和"自动词"的术语时，指的是日语的动词。

[12] 同样，宾语这个术语在不同的语言中其划分标准和定义也是不尽相同的。比如，汉语认为"我去大阪。"中的"大阪"是宾语，而日语表示相同意思的「私は大阪へ行く」中的「大阪」就不看作宾语，而是看做"补足语（補語）"。

[13] 当然，与「を」共现的名词成分未必都在句子中充当宾语。比如，自动词「走る」"散步する"等可以与「を」共现，这时的「を」并非用来表示宾语，而是用来表示路径，属于可有论元。可有论元是指在中性语境下，句子成立时并非必不可少的构成句子的名词成分。

[14] "共现"是一起使用的意思。

7

属于他动词，可以用来表达施事的意志性动作，因此在表义功能上也属于意志性他动词。当无生物用做主语时，「終わる」不要求宾语共现，在句法功能和表义功能上都属于无意志自动词。

也就是说，「終わる」是否带宾语关键取决于有生物用做主语还是无生物用做主语。

经过调查发现，类似「（授業を）終わる」这类动词要求受事宾语共现的用法并非孤例。我们可以很容易地找到相同的句子。比如[15]：

（17a）田中さんが口をあいて寝ている。

（17b）田中さんが口をあけて寝ている。

（18a）校長が学校をかわった。

（18b）校長が学校をかえた。

（19a）住所をうつる。

（19b）住所をうつす。

但是，当该类动词用做自动词时，施事并非不能用做主语（也许称做"主题"更容易理解）。比如：

（20）太郎は、授業が終わった。

（21）太郎は、学校がかわった。

而且，尽管施事可以用做主语，并不是没有限制的。通常只有当「太郎」是教师时，才能用「授業を終わる」，而当「太郎」是学生时，通常只能用「授業が終わる」。这就是说，主语是否施事还不能确定为具有决定性的标准。

这样一来就给日语学习者造成了理解上的障碍。同时，日语学习者也会很自然地要求教师对这类动词带受事宾语的成句规则和运用规则做出解释。即：

① 这类动词在什么条件下可以带宾语？

---

[15] 请参见須賀（1981）。

② 这个句子怎么用?可以用来传递什么样的信息?

尽管有一些学者曾经研究过这个问题,但是,似乎并没有解决上述这两个问题,至少目前前人研究中的解释很难运用到课堂教学中去。也就是说,学生根据前人研究的解释还无法造出正确的句子,也无法去得体地使用这类句子。所以,当学生要求教师解释这类动词带受事宾语的成句规则和运用规则时,教师自然会束手无策,无法作答。

但是,日语中这类动词要求受事宾语的共现不会是随意的。之所以在有相对应的他动词存在的情况下这类动词还可以出现兼类的现象,还可以带受事宾语,之所以日语母语说话人会选择这种形式而不选择其他形式来传递信息,毫无疑问,一定存在致使这种搭配可以成立和制约选择这种形式来传递信息的某种规则。这个规则是看不见的,是隐藏在日语母语说话人的大脑深处的。

日语母语说话人可以不自觉地运用这个看不见的规则去造句并选择表达形式来进行信息交流。但是,日语学习者就做不到了。如果日语学习者不知道或没有掌握这个规则,自然就造不出正确的句子来,也就理解不了对方使用这个形式所要表达的真正意思。

于是,这就需要从日语母语说话人的大脑深处把这个规则抽取出来,然后,对这个规则进行研究和验证,阐明其原因。

1.4.3 研究课题的选择

不过,话又要说回来,要达到上面的研究目的,需要有一个过程,对刚刚入门的大多数大学生和硕士研究生来讲并非一件易事。我们可以把这个目标暂时往后放一放,等到时机成熟后再来进行这类研究也为时不晚。

很多对日语语法感兴趣的人往往会受自身研究条件不够成熟的限制而找不到研究的课题,也不知道该如何下手,由此对日语语法研究望而生畏,不愿轻易涉足。其实,我们可以变换一下思考问题的角

度。第一是承认现实，第二是寻找适合自身条件的研究方法和研究课题。

上面我们谈到，在本科生和硕士研究生阶段，可以归纳规则为主来进行研究。

归纳规则可以分为两个大类。一个是共时归纳，一个是历时归纳。共时归纳指的是截取某个时段，考察并归纳该时段内某个句式的成句规则和表义功能。历时归纳指的是从历史发展角度，考察和归纳某个句式的成句规则和表义功能。

共时归纳和历时归纳还可以再进一步进行分类。比如：

共时归纳

① 考察和归纳某个句式在某个时段内的某个作家的作品中的成句规则和表义功能。
② 考察和归纳某个句式在同一时段内不同作家的作品中的成句规则和表义功能。
③ 考察和归纳某个句式在同一时段内不同体裁的文字传播媒介中的成句规则和表义功能。

历时归纳

① 考察和归纳某个句式在不同时代的同类体裁中的成句规则和表义功能的异同和变化。
② 考察和归纳某个句式在不同时代的不同体裁中的成句规则和表义功能的异同和变化。

这种历时归纳研究可以跨两个时段，也可以跨三个时段，还可以跨更多的时段。

也就是说，研究由小范围向大范围扩展，从个别到一般。因此，无论是做小范围的研究，还是做大范围的研究，都是在一点点地接近核心，都是研究的积累，因此，都是有用的研究。

假设我们想研究被动句。如上所述，首先要在历时研究和共时研究这两个研究方法中选择一个。如果选择共时研究，需要先决定哪个

时段的共时研究，然后再进一步决定是考察该时段的一个作家作品中的被动句，还是考察一个以上作家作品中的被动句。如果选择历时研究，还需要进一步决定是考察两个时段中的被动句，还是考察两个以上时段中的被动句。这样一来，就会发现有很多课题可做。

再举一个例子。

日语的被动句用做主语的通常是有生物，而无生物用做主语是有条件的。因此，日语被动句中的"自发可能被动句（自然可能な受身）[16]"和"无生物主语被动句（非情の受身）[17]"就被看做是"外来货"。如果这个观点是对的，那么，这两种被动句何时扎根于日本的文学作品中就成了关注的焦点。文学家井上ひさし先生在阅读大量的日本文学作品之后，写下了这么一段精彩的见解：

> さて、この自然可能な受身は、非情の受身と同時に、明治期に西欧語の影響によって日本語へもたらされたものだ。そしてこのふたつの受動表現を完成したのが、私見によれば里見弴である。これまで読んだ日本の近代小説の中で里見弴の『手紙』（明治四十五年）は、受動表現の数の多さでは群を抜いている。（井上1981：52-53）

井上ひさし先生不是语法学家，倒发现了语法学家没有发现的事实[18]。这个发现实际上就是通过归纳得到的。也就是说，井上ひさし先生用自己的大脑这个自然电脑对大量的历时和共时的语料进行归纳和比较，最后得出了这个结论。如果没有这种历时和共时的归纳和比较，显然是写不出上述这些结论来的。

井上ひさし先生一个人独自完成了需要很多人才能做完的归纳工

---

[16] 比如，「今後、中核的農家への土地利用の集積が見込まれる」中的被动句就属于自发可能被动句的用法。
[17] 比如，「薬が益々正確に服用されることをねがって」中的被动句就属于无生物主语被动句的用法。
[18] 当然，这是否符合事实还有待于语法学家的进一步验证。

作。换句话说，我们也可以把这个归纳工作分解开来，分给不同的人去做，然后再归纳大家的结果得出最后的结论。本科生的毕业论文和硕士研究生的硕士论文就可以来做一个个具体的归纳研究。

比如，如果要研究第一人称的用法，可以从下面的课题入手：

- 夏目漱石作品中第一人称的共现条件与表义功能的研究——以『こころ』『それから』『坊ちゃん』为例
- 山崎丰子作品中第一人称的共现条件与表义功能的研究——以『沈まぬ太陽』『不毛地帯』为例
- 东野圭吾作品中第一人称的共现条件与表义功能的研究——以『放課後』『容疑者Xの献身』『白夜行』为例
- 村上春树作品中第三人称的成句条件及语义指向——以『ノルウェイの森』『1Q84』为例
- 夏目漱石与村上春树作品中第三人称的成句条件及语义指向的对比研究——以『こころ』『それから』『坊ちゃん』和『ノルウェイの森』『1Q84』为例

如果要研究被动句，可以从下面的课题入手：

- 夏目漱石作品中保留宾语被动句研究——以『こころ』『それから』『坊ちゃん』为例
- 山崎丰子作品中保留宾语被动句研究——以『沈まぬ太陽』『不毛地帯』为例
- 东野圭吾作品中保留宾语被动句研究——以『放課後』『容疑者Xの献身』『白夜行』为例
- 夏目漱石作品中自动词被动句的成句条件与论元的共现条件——以『こころ』『それから』『坊ちゃん』为例
- 山崎丰子作品中自动词被动句的成句条件与论元的共现条件——以『沈まぬ太陽』『不毛地帯』为例
- 东野圭吾作品中自动词被动句的成句条件与论元的共现条

件——以『放課後』『容疑者Xの献身』『白夜行』为例

如果要研究致使句使役句，可以从下面的课题入手：

- 夏目漱石作品中放任致使句研究——以『こころ』『それから』『坊ちゃん』为例
- 山崎丰子作品中放任致使句研究——以『沈まぬ太陽』『不毛地帯』为例
- 东野圭吾作品中放任致使句研究——以『放課後』『容疑者Xの献身』『白夜行』为例
- 夏目漱石作品中表允许义致使句的成句条件——以『こころ』『それから』『坊ちゃん』为例
- 山崎丰子作品中表允许义致使句的成句条件——以『沈まぬ太陽』『不毛地帯』为例
- 东野圭吾作品中表允许义致使句的成句条件——以『放課後』『容疑者Xの献身』『白夜行』为例

不少同学做本科毕业论文或硕士论文时感到无从下手，不知从何出发。从以上我们谈及的课题来看，尽管题目比较小，但从小做起，不会感到力不从心。而且，在做的过程中，也许可以由此发现更大的问题。

思考题

[1] 请说明语法研究的目的？

[2] 请举例说明什么是历时归纳，什么是共时归纳？

本章参考文献

［1］東照二.第8章バイリンガリズムをさぐる[M]//大津由紀雄.はじめて学ぶ言語学——ことばの世界をさぐる17章.京都:ミネルヴァ書房,2009.

［2］井上ひさし.私家版日本語文法[M].東京:新潮社,1981.

［3］小野尚之.生成語彙意味論[M].東京:くろしお出版,2005.

［4］酒井邦嘉.言語の脳科学——脳はどのようにことばを生みだすか——[M].東京:中央公論新社,2002.

［5］須賀一好.自他違い——自動詞と目的語、そして、自他の分類——[M].馬淵和夫博士退官記念国語学論集.東京:大修館書店,1981.

［6］早津恵美子.有対他動詞と無対他動詞の違いについて——意味的な特徴を中心に——[J].日本言語学会.言語研究 95,1989.

［7］于康.第十章日语语法研究,第十一章日语的语法结构与语义研究[M]//翟东娜.日语语言学.北京:高等教育出版社,2006.

［8］于康.日本語の存在構文とその存在構文からみた動詞の意味と構文の意味とのかかわり[J].広島大学国語国文学会.国文学攷 192・193合併号,2007.

［9］于康.日语论文写作——方法与实践[M].北京:高等教育出版社,2008.

第2章

语法观与句子的基本类型

语法观是研究语言的一个平台。明确语法观可以使研究保持一贯性，同时在解读他人的观点时，才能与作者站在同一个立场上来看问题。

句子是语言运用中的基本单位，句法研究历来是语法研究的核心内容。任何一种语言里可能都会存在基础性的句子类型。不过，这些类型的界定因人而异，观点也不统一。下面我们暂时沿用传统观点来观察一下日语中最基本的句子类型，以便给今后的语法学习奠定一些基础。

2.1 关于句子基本结构的语法观

句子是如何构成的?关于这个问题存在两种对立的观点。一种观点认为句子是由主语和谓语构成的，另一种观点认为句子是以动词为中心展开的。这两种观点可以说是代表了两种不同的语法观。

2.1.1 主谓结构学说

这个观点认为句子的基本结构是由主语和谓语构成的。即[主语+[动词+宾语]]。如果用树形图表示，如图2-1。

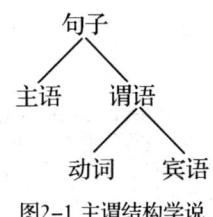

图2-1 主谓结构学说

比如，日语的「太郎はパソコンを買う」可以图2-2来表示。

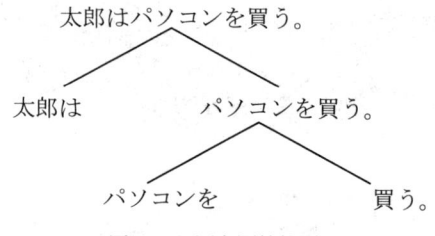

图2-2 日语主谓结构图示

当句子中出现其他名词成分共现时，只要不是主语的定语成分，都属于谓语的部分。句子中的各类成分还可以用字母符号来表示，比如：

S（sentence）=句子

NP（noun phrase）=名词短语[1]

VP（verb phrase）=动词短语

AP（adjective phrase）=形容词短语

PP（preposition phrase）=前置词短语或后置词短语[2]

N（noun）=名词

V（verb）=动词

A（adjective）=形容词

P（preposition/postposition）=前置词或后置词

Adv（adverb）=副词

---

[1] 短语里包括其他与该短语中心词相关的成分。比如，动词短语VP不仅可以包括宾语，而且还可以包括动词的其他修饰成分等。像"吃饭"是VP，"吃完饭了""和张三一起在前门大街吃日本料理""吃不起这么贵的饭"等等都是VP。

[2] 前置词和后置词的英语的第一个字母都是P。

因此，图2还可以用图2-3来表示。

太郎はパソコンを買う。

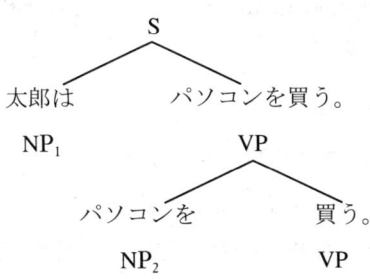

图2-3 日语主谓结构的符号图示

这是一种自上而下（トップダウン/top-down）观察句子结构的方法。这种视角也被称做"上帝的视角（神の目）"。

由于这种语法观认为一个句子是由主语和谓语构成的，所以，当句子中需要宾语共现时，主语和宾语分别置于不同的层面。主语直接与谓语发生关系，而不是直接与谓语动词发生关系;与此相对，宾语直接与谓语动词发生关系。在句子结构中，主语在上，宾语在下，两者层次不同，它们之间的关系是"上"与"下"的关系。

凡是持这种语法观的人通常认为句子都应该有主语。当句子中无主语时，无论是否可以补出，通常都会被看做省略。

为什么要规定句子是由主语和谓语构成的？实际上，这种语法观是要假设人类使用语言来传递信息时，"主语+谓语"结构是各种语言中最基本的结构。如果能够证明绝大多数语言都具备这个基本结构，那么，在后天激活（活性化/activation）语言的过程中，尽管不同语言会使用不同的表达形式，但都会依据"主语+谓语"这个框架来组织句子，这个基本结构很可能在被激活之前就已经存在于人类大脑深层之中。

但是，要证明日语也具备这个基本结构似乎就要困难得多了。因为，从古代日语开始，日语动词中的黏着语素（拘束形态素/bounded morpheme）³就非常发达，而且，由于这些黏着语素里已经蕴含了应该出现在主语位置的名词成分的信息，所以，在日语，特别是古代日语的句子中往往就无需主语的共现，而且也补不出来，甚至补出来之后句子反而会很不自然。

2.1.2 动词中心说

这个观点认为句子的核心是（谓语）动词。所有与（谓语）动词⁴共现的论元都是补足语（補語）⁵。这是一种自下而上（ボトムアップ/bottom-up）观察句子结构的方法。由于句中的必有论元和可有论元的共现将受到动词语义的制约和选择，所以，句中的"主语"和"宾语"等成分都是处于同一个层面直接与动词发生关系的。也就是说，在句子中，必有论元和可有论元与动词的关系都是平等的，不存在"上"与"下"的关系。

持这种语法观的人将日语句子的基本结构解释为⁶：

（1）句子 = 补足语₁（主语）+ 补足语₂（宾语）+ 补足语₃（名词で）+ … + 补足语ₙ（名词+各类格助词）+（谓语）动词

比如：

（2）田中さんは食堂でご飯を食べた。

---

³ 比如「Vてくれる」「Vてやる」「Vてもらってください」和多重敬语等等。
⁴ 包括形容词谓语和名词谓语。
⁵ "论元"指的是成句时所需要共现的名词成分。论元大致可以分为两大类:必有论元和可有论元。详见第7章。
日语补足语的概念与汉语补语的概念不同。日语的补足语（除了复合动词外）通常指的是与动词共现的论元。比如，「松下さんは一人で東京へ行った」中，「松下さんは」「一人で」「東京へ」这些论元都是动词「行った」的补足语。而汉语的补语指的是动补（述补）结构中的补语。共有七大类：结果补语（如：吃饱了。），趋向补语（如：走出教室。拿起来。），可能补语（如：吃得完。吃不了。），情态补语（如：睡得正香。吓得面如土色。），程度补语（如：高兴极了。冷多了。），数量补语（如：去过三次。等一会儿。），介词短语补语（如：献身于教育事业。走向胜利。）
副词以及副词性成分也是用来补充动词所表达的内容。但是，这些成分能不能看做论元尚有争议，至少不能看做NP，所以，暂且除外。
⁶ 在语法研究中，持这个语法观的人也用"主语""宾语"等术语表达。只是这些论元之间的关系是平等的。

可以用图2-4来表示。

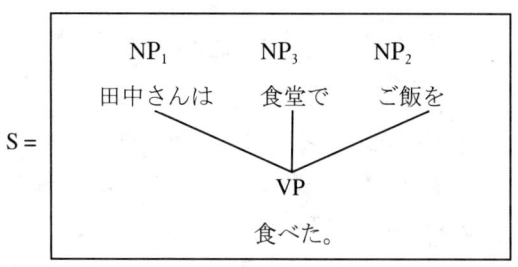

图2-4 日语动词中心说图示

金谷（2002）将这种结构称做"盆景式结构（盆栽型）"，即动词是树干，论元是枝叶，枝叶之间是平等的关系，都是直接与树干发生关系的。在这个基本结构里，所有NP都用来限定VP的内容。这里的VP指的是包括动词之后黏着语素在内的动词短语[7]，比如，「食べる」「食べた」「食べさせてしまった」「食べられました」「食べてもらった」等都被看做VP。

由于出现在"主语"位置上的名词成分与其他成分一样直接与动词发生关系，所以，为了有别于"主语+谓语"语法观中的"主语"这个概念，这个成分通常也被称做"主格"，宾语通常也被称做"宾格"。也就是说，主格与主语所不同的是，主格直接与动词发生关系，而"主语"与包括宾语等成分在内的谓语发生关系[8]。

凡是持这种语法观的人都重视动词的语义功能。如果句子里没有主格，会有两种可能，一种是动词的语义不要求主格的共现，一种是真正的省略，即主格在上文中已经出现过。这种语法观与"主语+谓语"的语法观一样，实际上也是一种假设。即假设人类使用语言来传

---

[7] 对于词的认定历来没有一个统一的定义。不过，现在大多数日语语法学家支持山田孝雄的观点，认为"动词+黏着语素"都是一个词。比如，在「食べた」「食べさせてしまった」「食べられました」「食べてもらった」中，「食べ」「た」「させ」「て」「しまっ」「られ」「まし」「もらっ」都是语素。「食べ」是自由语素，而「た」「させ」「て」「しまっ」「られ」「まし」「もらっ」都是黏着语素。由于黏着语素不是一个独立的词，因此「食べた」「食べさせてしまった」「食べられました」「食べてもらった」都被看做一个词。

[8] 实际上由于"主语"这个术语用来已久，所以即使在表达主格这个概念时也会沿用"主语"这个术语。

递信息时，"补足语+动词"结构是各种语言中最基本的结构。

2.1.3 两种语法观的对立和融合

这两种语法观孰是孰非没有定论。

实际上无论用什么术语来表达，对句中可以出现"主语"这个事实似乎没有什么争议。争议的焦点主要有两个：

① 这个成分是直接与动词发生关系的"主格"，还是与谓语发生关系的"主语"。

② 当这个成分在句中不出现时，是无需出现，还是省略。

也就是说，对语言的基本事实两者都是承认的，只是观察问题的角度不同。但是，要阐明基本结构仅靠先假设后验证的方法是不够的。因为，先假设后验证往往会忽视一些对验证不利的事实。因此，需要从个别语言的内部出发，从大量的语言事实中去归纳出个别模式来。然后再在这个基础上去求得一个最小公倍数。

2.2 日语句子的基本类型

按照传统的标准[9]，句子可以分为不同的基本类型。比如，英语可以分为5类，SV、SVC、SVO、SVOO、SVOC。汉语可以分为7类，"是"字句（系词句）、"有"字句（所有句）、"在"字句（存在句）、动词谓语句、形容词谓语句、名词谓语句、独词句。日语没有统一的分法，基本认为可以分为4类，系词句[10]（コピュラ文/也称做「名詞述語文」）、存在所有句（存在文・所有文）、动词谓语句（動詞述語文）、形容词谓语句（形容詞述語文）[11]等。这里我们只谈系词句、动词谓语句、形容词谓语句和存在所有句这4类句子。

关于用来构成句子的基本成分，以汉语句子为研究对象的人认为

---

[9] 语言不同，其分类的标准也不一样。关于个别语言的分类标准这里不做探讨。
[10] 日语中相当于英语或汉语系词的是「だ」类附属词。由于在形态上不独立，所以称做系词并非十分贴切的术语。为了便于理解，本书暂且沿用英语和汉语的术语。
[11] 包括「ナ形容詞」即学校语法所说的"形容动词"。

可以分为6大类：主语、谓语[12]、宾语、定语、状语、补语。以日语句子为研究对象的人认为可以分为6大类：主语（主語）、谓语（述語）[13]、宾语（目的語）、定语（連体修飾語）、补足语（補語/補充成分）[14]、副词性修饰成分（副詞的修飾成分/連用修飾語）[15]。

2.2.1 系词句

系词句指的是以系词（コピュラ/copula）和名词性成分作谓语的句子。日语的表现形式为「AはBだ」[16]，通常称做「コピュラ文」。与其相对应的汉语是"A是B"这个句式。汉语称其为"是字句"或判断句。

由于这个句式是以系词与名词共现来构成谓语的，所以研究日语的人也称其为"名词谓语句（名詞述語文）"。汉语句子研究中也有"名词谓语句"的叫法，但汉语指的是没有系词共现的名词句，比如"小熊山东人""明天立春"。虽然叫法相同，但所指内容不同。

日语的系词句还包含一些小类[17]。比如"指定句（指定文[18]）"、"判定句/断定句（措定文）"、"倒置指定句（倒置指定文）"[19]。

（3）この方が学長です。（指定句）

（4）田中さんは会社員です。（判定句）

（5）学長はこの方です。（倒置指定句）

---

[12] 严格地讲，这里的谓语只指谓语动词。

[13] 严格地讲，这里的「述語」只指谓语动词。

[14] 指的是除了"主语"和"宾语"之外的其他"名词+格助词"的成分。

[15] 下面，我们将"副词性修饰成分"简称为"副词"。关于日语补足语与副词的区别请参见本章有关小节。另外，「連用修飾語」中包括副词性修饰成分，但不完全等于副词性修饰成分。具体内容请参照第9章。

[16] 除此之外，还有「です」「である」「でない」等等。

[17] 关于「コピュラ文」的小类，西山（2003）和丹羽（2004）的研究最新，分类也不同。两者区别如下（详见丹羽2004）。如果对这个句式感兴趣，可以细读西山（2003）和丹羽（2004）以及其他的前人学说。

西山2003	措定文	倒置同定文	倒置指定文	倒置同一性文	定义文
丹羽2004		帰属関係	指定関係	同等関係	
		包摂関係		同一関係	

[18] 实际上，这些术语在汉语中很难找到最贴切的表达方式，所以，这里汉译只能采用直译。

[19] 汉语可以分为两大类。说明性判断句和指别性判断句。详见张黎·于康（2000）。
说明性判断句：①这就是余维汉。②我们是空车。③余维汉是双职工。
指别性判断句：④余维汉是他。⑤人的生活就是这样。⑥中国的首都是北京。

"指定句"指的是A与B的关系为"B是A的所指对象"的系词句。系词句中的两个名词指的是同一事物。在这个句式里，充当主语的名词既可以用「は」，也可以用「が」来标记。「AはBだ」可以换说为「BがAだ」，而且意思不变，所以也被称做"同定句（同定文）"。

"判定句"指的是A与B的关系为"A具有B的属性"的系词句。系词句中的两个名词指的并非同一事物，B用来说明A所指的对象所具有的属性。比如例句（4）「田中さんは会社員です」中，「田中さん」与「会社員」之间并非同定关系，这里表达的是「田中さん」的属性为「会社員」。在这个句式中，充当主语的名词通常只能使用「は」来标记。「AはBだ」不能换说为「BがAだ」。

"倒置指定句"指的是A与B的关系为"A是B的所指对象"的系词句。比较例句（3）和（5）也可以看出，这个句式是将"指定句"中A与B的位置相互调换了一下。

「AはBだ」究竟是用做判定句，还是用做倒置指定句，通常是模糊的。在不同的语境条件下，同一个内容的句子可以并存两种解释。比如「私の意見はグループの意見だ」既可以是判定句，也可以是倒置指定句。

在词类的划分上，日语系词句中的「だ」类系词通常是不看做动词的，这与汉语的不同。"是"在汉语中是动词。

在句法结构中，汉语系词句中A为主语，B为宾语。而日语系词句中的A虽然可以看做主语，但B通常是不会看做宾语的。B与系词一起用来充当谓语。

另外，日语的系词可以依靠形态变化来直接表达事件与时间的关系。比如，在表示"三年前""他是大学生"这个信息时，日语除了添加时间词外，还需要改变系词的词形，说成「三年前，彼は大学生だった」，而不能说成「三年前，彼は大学生だ」。

汉语的"是"没有形态上的变化，表示过去的事件时，通常只要直接添加时间词就可以了，比如，"三年前他是大学生"。汉语中的

"了"可以用来表时体,在句中有两个位置。一个是直接出现在动词之后,一个是出现在句末。但是,在汉语的系词句中,"了"是不能置于"是"之后的,即不能说成"×三年前他是了大学生",只能置于句末,如"三年前他(就)是大学生了",用来表示变化或现在完了(パーフェクト)。

2.2.2 动词谓语句

2.2.2.1 定义和分类

动词谓语句(動詞述語文)指的是动词作谓语的句子。由于句子的构成成分在这个类型的句子中出现得最齐,所以研究语法的人大多数都以动词谓语句作为研究对象。

动词谓语句还可以根据句法特征和表义功能分为各种小类。比如,主动句(能動文)、被动句(受動文/受け身文)、致使句(使役文)、疑问句(疑問文)、祈使句(願望依頼文)等等。

2.2.2.2 动词谓语句的基本构成成分

日语的谓语动词句基本构成成分包括主语(主語)[20]、谓语(述語)、宾语(目的語)、定语(名詞修飾成分/連体修飾語)、补足语(補語/補充成分)和副词性修饰成分(副詞の修飾成分/連用修飾語)。

主语和宾语的界定非常不易,至今为止还没有一个统一的标准。关于主语和宾语的界定等问题我们将在本书的其他章节中专门讨论,这里就不再赘述。

定语通常位于名词之前,用来修饰该名词。当名词修饰名词时,通常需要借助助词「の」来连接两者。比如,「父の絵」「シャーペンの芯」。当动词、形容词或动词短语、形容词短语修饰名词时,两者之间无需用「の」,比如,「行く人」「美しい花」「彼がくれた誕生日プレゼント」。当「ナ形容詞」修饰名词时(包括极少数副词),通常需要用「な」来连接两者,比如,「きれいな部屋(「ナ

---

[20] 按照动词中心学说的观点,"主语"和"宾语"也是补足语。前面说过由于主语和宾语这两个术语使用已久,本书除了特别需要,通常将这两个术语和现象单独立项来谈。

形容詞」）」「たいへんな努力（副詞）」。

　　补足语和副词性修饰成分都是直接与动词发生关系的成分。但两者在形式上有所区别。

　　补足语指的是有格助词作标记的成分，比如「彼に」「ハンマーで」「学校から」「駅まで」「彼女と」等。在日语当中，补足语虽然都是用来帮助谓语动词构成句子的，但与副词性修饰成分有所不同。

　　副词性修饰成分指的是没有格助词作标记的修饰成分，如副词或形容词的连用形等。比如，「たいへん驚きました」「非常に嬉しい」「優しく書いている」「静かに歩いている」等。

　　一部分副词性修饰成分也可以用来修饰名词。副词性修饰成分修饰名词时有两种情况，一种是用「の」连接修饰词与被修饰词，一种是直接修饰名词，比如，「かなりの盛り上がり」「すこし右」等。

　　汉语语法研究中没有补足语这个说法。因为，汉语除了主语和宾语外，凡是用来修饰谓语动词（或形容词等）的都基本上可以看做状语。

2.2.2.3　自由语素、黏着语素与动词的界定

　　我们在谈动词谓语句的时候，经常要面对如何界定一个动词单位的问题。这个问题与一个词的界定有着密切的关系。即究竟该如何去界定一个词。

　　比如，「食べる」这个动词在句子中根据表达的需要还可以有（6）～（9）这样的说法。

（6）食べた

（7）食べている

（8）食べさせました

（9）食べられてしまった

　　如果说「食べる」是一个词的话，那么例句（6）～（9）是不是

也能看做一个词呢?如果可以看做一个词，那么应该依据什么标准呢?

对于词的界定不同学者有不同的标准[21]，不过，也可以用是否充当自由语素来作为一个界定的标准。

语素（形态素）可以分为两大类，一类是自由语素（自由形态素），一类是黏着语素（拘束形态素）。自由语素指的是可以单独构成一个词的单位，具有独立的词汇意义。黏着语素指的是不能单独构成一个词的单位，通常不能单独使用，大多数不具备独立的词汇意义。

比如「食べられてしまった」这个动词短语，其中的「食べ（る）」具有独立的词汇意义，可以单独使用，可以看做一个词。而与此相比，「られ」「て」「しまっ」「た」都没有独立的词汇意义[22]，也不能单独使用，因此，它们显然不是一个词。如果要给一个名称，也只能是没有词汇意义的"辞"，它们是与「食べ（る）」一起构成一个词的[23]。

也就是说，语素构成一个词时有4种类型：

① 自由语素（「私」「食べる」等）。
② 自由语素＋自由语素（「関西学院大学」）。
③ 自由语素＋黏着语素（「私が」「あの人には」「食べられてしまった」等）。
④ 黏着语素＋自由语素（「お手紙」等）。

动词谓语句中，时态的表达形式最为齐全。表示过去的事件，除了可以用「Vた」外，也可以用「Vる」「Vていた」「Vている」来表达。详细内容请参见后面的有关章节。

汉语的动词谓语句可以使用"了""着""过"或"正""正在""在""呢"来表时态。不过，汉语中没有表过去时的形态上的

---

[21] 详见于康（2006:229-251）。
[22] 山田（1936）认为动词后续成分都是"复合词尾（複語尾）"。
[23] 鈴木（1972）、仁田（1997）持这种观点。在动词的一个词的认定上（除系词句外），庵（2001）基本与鈴木和仁田的观点相同。
请参见小矢野（2005:83-84）。

标记，这点和日语大不一样。另外，从语义角度来看，日语的时态标记与汉语的时态标记之间存在着很大的差异。因此，中国人在学习日语时常常会在时态标记的理解和使用上出问题，即便是学了很长时间日语，在日本生活了多年的人也是如此。

2.2.3 形容词谓语句

形容词谓语句指的是以形容词作谓语的句子。小矢野（2005）指出形容词谓语句有两大功能，一个是用来"叙述人或事物的属性"，一个是用来"叙述临时性的状态"[24]。

八龟（2008）认为形容词谓语句用来表达"状态（状態）""存在（存在）""特性（特性）"和"关系（関係）"[25]。表"特性"和"关系"时，不受时间的限定，表"状态"时要受时间的限定，表"存在"时，有时要受时间限定，有时不受时间限定。比如：

（10）太郎は真面目だ。（特性）

（11）駅は家から遠い。（关系）

（12）こんなにしていただいて，うれしいです。（状態）

（13）今朝の田中は妙にやさしかった。（状態）

（14）このあたりはゴミが多い。（存在。经常性。不受时间的限定）

（15）このあたりは今日妙にゴミが多い。（存在。临时性。受时间的限定）

形容词谓语句要求名词成分共现。这个名词成分可以用「が」「に」「を」「と」等来标记。比如：

（16）耳が痛い。

（17）道に詳しい。

（18）ゴルフを好きだ。

（19）司会者と親しい。

---

[24] 请参见小矢野（2005:83–84）。
[25] 请参见八龟（2008:68–121）。

与「に」格名词共现的形容词谓语句可以用来表达：
① 对人对事物的态度指向（女子学生に優しい）。
② 能力与特性的对象（プレッシャーに弱い）。
③ 评价的基准（交涉役に相応しい）。
④ 规定目的和内容（経験に乏しい）。
与「が」格名词共现的形容词谓语句可以用来表达：
① 感觉出现的处所（足がかゆい）。
② 促使感觉产生的对象（太陽が眩しい）。
③ 感情的指向（故郷が恋しい）。
④ 能力的对象（野球がうまい）。

从词汇的形态上我们可以很容易地界定日语的形容词。但是，如果从语义上来界定的话就不太容易了。因为，有很多动词也具备形容词的特性。比如，「優れる」「聳え立つ」「喜ぶ」「楽しむ」等等。

形容词谓语句不如动词谓语句那么丰富，因此，从句法这个角度研究形容词谓语句似乎很难找到新的突破口。但是，从语义这个角度考察用来表"属性"和"状态"，或者表"存在""特性""关系"的动词谓语句与形容词谓语句之间的关系，似乎还有很多的未开垦地。

2.2.4 存在所有句

日语的存在所有句通常指的是以「ある」「いる」作谓语动词，用来表示"某物在某处""某处存在某物"和"某处有某物"的句子。比如：

（20）パソコンはテーブルにある。
（21）テーブルにパソコンがある。
（22）彼には娘がいる。

例句（20）和（21）都用来表存在，不过，现在国内的日语教科书中，通常将例句（20）看做存在句，将例句（21）看做所在

句。而例句（22）通常看做所有句。

如果将这3个句子高度抽象化，可以得到以下两个句式，（23）是存在句，（24）既可以是存在句，也可以是所有句。

（23）NはLにある（いる）[26]。

（24）N₁にN₂がある（いる）

汉语里也存在相对应的句式。前者汉语可以抽象为句式"NP在LP"，比如，"电脑在桌子上"；后者汉语可以抽象为句式"NP₁有NP₂"，如"他有一个女儿"。

日语的存在句还可以分为若干小类。究竟可以分为多少类，还有待于今后研究的发展。但目前至少可以分为3类[27]：

① 临时存在句（一時的存在文）。

② 整体与部分存在句（部類存在文）。

③ 事件存在句（事態存在文）。

比如：

（25）あっ、パトカーがいる。（**临时存在句**）

（26）お客様の中に乗り越しの方はございませんか。（**整体与部分存在句**）

（27）先日、メキシコで大地震がありました。（**事件存在句**）

（28）明日から学校があります。（**事件存在句**）

也就是说，日语的存在句除了（23）这个典型的句式外，还可以看到有以下几种句式：

① LにNがある（いる）。

② Nがある（いる）。

③ LでNがある。

如例句（25）所示，当表示运动物的临时存在时日语通常不用「ある」，而是用「いる」来表达（即使存在物为无生物）。例句

---

[26] L表处所论元。LP表处所名词短语。
[27] 详见林・柴田（1988）。例句（25）~（28）引自同书。

（26）中的「お客様の中」不是「乗り越しの方」的存在处所，而是表示「乗り越しの方」是「お客様の中」的一个部分。例句（27）和（28）不是用来表示"某处存在某物"，而是用来表达事件或事态的存在和发生，当需要表处所时，通常需要用「で」，而不是「に」。

当表示过去的存在和所有时，日语可以用「あった」「いた」来表达，而汉语却不能说成"×田中在了屋里"和"×桌上有了一台电脑"，只能借助时间词来表达。比如，"昨天这个时候，田中在屋里""那时候，桌上有一台电脑"。

思考题：
[1] 请说明两种语法观的不同。
[2] 请用表示句子成分的英语字母来替换下面句子中的各个成分，将该句公式化。
彼女が二人にバケツを渡す。
[3] 请举例说明日语的补足语和汉语的状语的不同。

本章参考文献

［1］庵功雄.新しい日本語学入門—ことばのしくみを考える—[M].東京：スリーエーネットワーク，2001.

［2］小矢野哲夫.形容詞[M]//日本語教育学会.新版日本語教育辞典.東京：大修館書店，2005.

［3］影山太郎.動詞意味論[M].東京：くろしお出版，1996.

［4］金谷武洋.日本語に主語はいらない—百年の誤謬を正す—[M].東京：講談社，2002.

［5］立石浩一，小泉政利. 文の構造[M]. 東京：研究社，2001.

［6］丹羽哲也. コピュラ文の分類と名詞句の性格[J]. 日本語文法学会日本語文法 4巻2号，2004.

［7］西尾虎弥. 国立国語研究所報告44 形容詞の意味・用法の記述的研究[J]. 東京：秀英出版，1972.

［8］西山佑司. 日本語名詞句の意味論と語用論[M]. 東京：ひつじ書房，2003.

［9］仁田義雄. 日本語文法研究序説—日本語の記述文法を目指して—[M]. 東京：くろしお出版，1997.

［10］沼本克明. 第1節日本語史[M] //縫部義憲監修，多和田眞一郎. 講座・日本語教育学 第6巻 言語の体系と構造. 東京：スリーエーネットワーク，2006.

［11］八亀裕美. 日本語形容詞の記述的研究—類型論的視点から—[M]. 東京：明治書院，2008.

［12］山田孝雄. 日本文法学概論[M]. 神戸：宝文館，1936.

［13］林大，柴田武. 日本語百科大事典[M]. 東京：大修館書店，1988.

［14］陈满华. 体词谓语句研究[M]. 北京：中国文联出版社，2008.

［15］刘月华，潘文娱，故韡. 实用现代汉语语法 增订本[M]. 北京：商务印书馆，2001.

［16］陆俭明. 现代汉语语法研究教程[M]. 北京：北京大学出版社，2003.

［17］张黎，于康. 汉语指称性成分的等级分类及其对判断句的影响[J]. 中国语文杂志社 语法研究和探索 10. 北京：商务印书馆，2000.

［18］于康. 第十章日语语法研究[M]//翟东娜. 日语语言学. 北京：高等教育出版社，2006.

第3章

共现论元的类型与论元的解释

　　我们这里所说的论元（項/意味項/argument）指的是根据动词语义的需要句子中应该共现的名词成分（不包括修饰成分）。从动词语义这个角度来考察名词的共现问题，最早应该来自以泰尼埃尔（テニエール/L.Tesnière）为代表的从属关系语法（依存関係文法/grammaire de dépendance）理论。

　　泰尼埃尔认为动词是句子的中心，它可以支配其他成分的共现，自己却不受任何成分的支配。主语和宾语以同等的身份与动词发生关系，它们的共现都受动词的支配。在这个基础上，泰尼埃尔提出行动元（行為項/actant）和状态元（状況項/circonstants）这两个概念，并指出行动元只有3个：主语、宾语1和宾语2，而状态元的数目无限，行动元的数目决定动词的价（結合価/valence）。泰尼埃尔关于行动元和状态元的思路开创了配价语法（ヴァレンツ文法・結合価文法/valence grammar）理论的先河。

　　法国学者泰尼埃尔的从属关系语法在德国得到了令人瞩目的传承和发展。赫尔比希（ヘルビッヒ/G.Helbig）提出了补足语（相当于行动元）和说明语（相当于状态元）的概念，并认为某些状语也是动词要求的配价成分，并把补足语分为必有补足语和可有补足语两类。

　　菲尔墨（フィルモア/C.J.Fillmore）建立了格语法（格文法/Case Grammar）理论，并认为句子的表层结构是由深层的语义关系派生的，并设定一些规则来说明动词的组句规律。

31

3.1 从语义角度研究语法的必要性

研究语法有各种方法和角度。有的从句法角度出发研究语法,有的从语义角度出发研究语法。句法研究讲究形式上的共现关系,语义研究讲究语义上的共现关系。

比如:

(1) 太郎はご飯を食べる。

什么样的成分可以出现在主语和宾语的位置上是句法研究的主要目的之一。分析例句(1)可以得到(2)的规则:

(2) 在现代日语中,出现在主语和宾语位置上的成分通常必须是名词性成分。

因此,例句(3)和例句(4)是不能成立的。

(3) ×背が高いはご飯を食べる。

(4) ×太郎は高いを食べる。

例句(3)中出现在主语位置上的成分不是名词性成分,而是形容词短语。例句(4)中出现在宾语位置上的成分也不是名词性成分,而是形容词。这两个句子都违反了(2)的组句规则,所以不能成立。

但是,按照(2)的规则,也会造出例句(5)和(6)这种通常不说的句子。

(5) ×飛行機はご飯を食べる。

(6) ×太郎は青森県を食べる。

也就是说,(2)的句法规则不能避免例句(5)和例句(6)的出现,也解释不了为什么这两个句子不能成立的原因。

语义研究将视点放在动词与名词共现的语义关系上,以动词的语义为主来观察名词共现的条件。(5)和(6)之所以不能成立,是因为(5)的「食べる」受动词的语义制约在一般情况下不能要求表物体的「飛行機」用做施事,(6)的「食べる」通常不能要求表处所的「青森県」用做受事。

3.2 菲尔墨的格语法

继泰尼埃尔等学者之后，菲尔墨（1968）提出格语法理论。该理论认为语言结构中存在两种结构，一种是表层结构（表層構造），一种是深层结构（深層構造）。表层结构是句法结构，深层结构是语义结构。深层结构指的是动词与名词之间的语义关系。表层结构是深层结构的投射。

比如：

（7）太郎は車を止める。

（8）車が止まる。

从句法结构上看，「車」在例句（7）中充当宾语，在例句（8）中充当主语。两者在表层结构上出现的位置不同，叫法也不一样。两者分别可以描写为：

（7a）主语（太郎は）+宾语（車を）+VP（止める）

（8a）主语（車が）+VP（止まる）

但是，从语义结构上看，例句（7）和例句（8）中的「車」具有相同的表义功能，即语义角色相同，它在（7）中表受事，在（8）中同样也表受事。也就是说，尽管（7）和（8）中的「車」投射到句法结构上时，两者所出现的位置不同，前者出现在宾语的位置上，而后者出现在主语的位置上，但在表义功能上，（7）和（8）中的「車」是一样的。

菲尔墨（1968）认为一个句子由一个动词和各种在深层结构中被赋予"格"的名词共现而成。这些深层格有的可以直接投射在表层结构上，有的不会直接投射在表层结构上。可否和怎么投射到表层结构上，将根据语言的不同、名词功能的不同以及某个具有支配性的词语的固有特性的不同来决定。

主语和宾语等术语是表层结构上的术语，在深层结构中，通常是不用主语和宾语等术语来表述的。在深层结构中，直接用其充当的语义角色来称呼。用来充当动作行为实施者的这个角色称做"施事"，

用来充当受动作行为作用的这个角色称做"受事",用来充当地点的这个角色称做"处所",用来充当实施某种动作行为时所用的工具和手段的这个角色称做"工具""手段"等等。

关于深层格的数量和命名,起初菲尔墨认为有6种:

① 施事格(動作主格/A=Agentive)。

② 工具格(具格/I=Instrumental)。

③ 与格(与格[1]/D=Dative)。

④ 使成格(作為格/F=Factitive)。

⑤ 处所格(所格／L=Locative)。

⑥ 客体格(対象格/O=Objective)。

随后,又增加了一些格。比如:

⑦ 经历者格[2](経験者格/E=Experiencer)。

⑧ 源点格(源泉格/S=Source)。

⑨ 终点格(目標格/G=Goal)。

⑩ 时间格(時間格/T=Time)。

⑪ 路径格(経路格/P=Path)。

⑫ 受益格(受益者格/B=Benefactive)。

⑬ 伴随格(共格/C=Comitative)。

不过,究竟有多少格和如何命名并无定论。

3.3 必有论元和可有论元

根据配价语法一般的观点,动词可以分为3类:

① 一价动词。

② 二价动词。

③ 三价动词。

---

[1] 也称做"承受格"。
[2] 这个格的称呼很多,最具代表性的有:"经验者格""当事格""体验格""感事格""感受格"。

第 3 章　共现论元的类型与论元的解释

比如，以日语为例，「泣く」「走る」「働く」「泳ぐ」「遊ぶ」等为一价动词。「食べる」「飲む」「切る」「落とす」「止める」等为二价动词。「贈る」「教える」「貸す」「預ける」「与える」等为三价动词。这是因为在没有任何语境提示的情况下，一价动词只需要一个论元的共现就可以完句和自足语义，二价动词需要两个论元的共现才能完句和自足语义，三价动词则需要三个论元的共现才能完句和自足语义。比如，

（9） 太郎は働く。（一价动词）

（10） 太郎は車を止める。（二价动词）

（11） 太郎は花子に誕生日プレゼントを贈る。（三价动词）

但是，有很多动词似乎可以和三个以上的论元共现[3]。比如：

（12） 太郎は自分の部屋でドライヤーで髪を乾かした。

在例句（12）中，与动词「乾かす」共现的论元共有4个：

① 太郎は。

② 自分の部屋で。

③ ドライヤーで。

④ 髪を。

因此，动词「乾かす」似乎不是二价动词，而是四价动词了。

论元一般可以分为两种。一种是必有论元（必须项/obligatory argument），一种是可有论元（任意项/optional argument）。泰尼埃尔提出行动元和状态元这两个概念时，认为行动元只有三个，即"主语""宾语1"和"宾语2"，而状态元的数目无限。实际上，泰尼埃尔的行动元指的是必有论元，状态元指的是可有论元。

必有论元指的是在没有任何语境提示的情况下，动词成句时所必须共现的论元。如果没有这些论元的共现，句子不能完句，语义也不能自足。可有论元指的是在没有任何语境提示的情况下，动词成句时

---

[3] 在汉语的研究中，有的学者认为存在三价以上的动词。通常在决定动词价的时候所依据的是必有论元，而不是可有论元。因此，如何判断必有论元将左右动词价的划分。

35

未必一定要求共现的论元。没有这些论元的共现，只会减少信息量，但不会影响完句和自足语义。

在例句（12）中，用动词「乾かす」组句时，实际上只要有两个论元共现就能完句和自足语义。这两个论元分别是表施事的「太郎は」和表受事的「髪を」。因此，这两个论元都是必有论元。

而处所论元「自分の部屋で」和工具论元「ドライヤーで」是否共现并不影响句子的完句。没有这两个论元的共现，句子只是减少了处所和工具这两个信息而已，句子依然能够成立。因此，这两个论元都是可有论元。

也就是说，「太郎は」和「髪を」相当于泰尼埃尔的行动元，「自分の部屋で」和「ドライヤーで」相当于泰尼埃尔的状态元。所以，在没有任何语境提示的情况下，例句（13）和例句（14）这两个句子没有完句，而且语义也不能自足。

（13）太郎は自分の部屋で乾かした。

（14）太郎はドライヤーで乾かした。

这里有一点需要指出的是，必有论元只是一个理论上的指标。即在没有任何语境的提示下，作为一个自然句子成立时所必须共现的论元。当然，在一定的语境的提示下，必有论元是可以省略的。而且，受句式义的制约，可有论元也可以转化为必有论元。实际上，在不同的语义关系中何为必有论元何为可有论元，这仍旧是一个有待进一步研究的重要课题。

另外，必有论元和可有论元之间还存在一种论元，叫做"准必有论元"。准必有论元指的是并非绝对需要，但没有它的共现句子会显得不很完整，语义上会有些不自然的论元。比如：

（15）太郎は山を登る。

「登る」通常被看做一价动词，或被称做自动词，要求施事做主语，所以，按理说句中的「山を」就应该属于可有论元了，如例句（16）。

（16）太郎は登る。

可是，例句（16）这个句子在没有任何语境提示的情况下虽然也能成立，但大多数以日语为母语的人都会觉得这个句子不太自然。如果添加上「山を」「階段を」这类路径论元要比没有添加时显得更加自然和完整。因此，例句（16）中的「山を」即便不能称做必有论元，但至少不是货真价实的可有论元。也许称做准必有论元更贴切一些。不过，至于什么样的论元可以归类为准必有论元，以及这个论元的共现条件是什么，还有待于今后研究的发展。

3.4 日本学者的论元分类

关于日语的论元如何分类以及可以分多少类等问题，同样也没有定论。而且，分类因人而异，观点也不同。具有代表性的学者有益冈（1987）、村木（1991）、仁田（1993）、木村（1997）、石绵（1999）等。归纳和综合各家学说对论元的命名，可以用表3-1来表示。

表3-1 各家学者的论元分类

益岡	動作主、対象、経験者、相手、着点、起点、場所
村木	動作主、対象、対象・出現、対象・消滅、対象・変化、対象・受影、空間の位置、非空間の位置、空間の起点、空間の着点、方向、空間、時間、範囲、対称、関連、比較、資格、内容、相手、数量、起因、動機、逆動機、非空間の着点、態度、手段、部分、焦点
仁田	主、対象、相手、基因、出どころ、ゆく先、ありか、経過域
木村	動作主、経験者、無意志主体、対象、受け手、与え手、相手1、相手2、時、時・始点、時・終点、時間、場所、場所・始点、所・終点、場所・経過、始状態、終状態、属性、原因・理由、手段・道具、材料、構成要素、方式、条件、目的、役割、内容規定、範囲規定、提題、観点、比較の基準、随伴、度合、陳述
石綿	動作主、経験者、対象、相手、引用、道具・手段、範囲、原因、根拠、目的、材料・原料、限度・基準、比較の相手、場所、起点、方向、経過域、着点、時の起点、時の着点、数量、場所、時、状態

3.5 句法成分与论元的关系

上面我们谈到语义层面的论元投射到句法结构上时，即使表义功能相同的论元，在句中的位置和充当的句法成分未必相同。比如：

（17）太郎が次郎をなぐった。

（18）次郎が太郎になぐられた。

这两个句子说的是同样一件事，即「太郎」打人，「次郎」被打。例句（17）是他动词主动句，例句（18）是他动词被动句。

打人者「太郎」在他动词主动句（17）中充当主语，而在他动词被动句（18）中降格至补足语的位置，用来充当补足语。被打者「次郎」在他动词主动句（17）中充当宾语，而在他动词被动句（18）中升格至主语的位置，用来充当主语。

降格和升格是"句子由主语和谓语构成"学说的术语。在这个学说中，主语在上，宾语在下。如图3-1和图3-2所示。

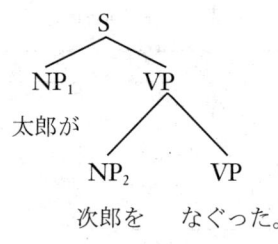

图3-1 太郎が次郎をなぐった。

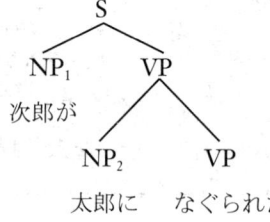

图3-2 次郎が太郎になぐられた。

第3章 共现论元的类型与论元的解释

图1中的「太郎」出现在S中的NP_1即主语的位置上，但到了图2，便位移到了VP中的NP_2即补足语的位置上，这种现象称做"降格"，「太郎」由主语的位置降格到了补足语的位置。

而图1中的「次郎」出现在VP中的NP_2即宾语的位置上，但到了图2便位移到了S中的NP_1即主语的位置上，这种现象称做"升格"，「次郎」由宾语的位置升格到了主语的位置。

我们还可以用表3-2和表3-3来说明这个问题。

表3-2 太郎が次郎をなぐった。

	太郎が	次郎を	なぐった。
句法结构（表层结构）	ガ格	ヲ格	
语义结构（深层结构）	施事	受事	

表3-3 次郎が太郎になぐられた。

	次郎が	太郎に	なぐられた。
句法结构（表层结构）	ガ格	二格	
语义结构（深层结构）	受事	施事	

表义功能相同的语义角色在不同的句子中会出现在不同的句法位置上，当不同的句式用来表示相同的事件时，那么，在真理条件上，这些句法位置不同但语义角色相同的论元为释义关系（パラフレーズの関係），可以看做同义句。比如，在表达"我叔叔因患癌症病倒了"这个意思时，山梨（1993）认为可以有两种方式：

（19a）叔父は癌に倒れた。

（19b）叔父は癌で倒れた。

在表述"我叔叔因患癌症病倒了"这个事件时，（19a）和（19b）都能成立。即当（19a）句为真时，（19b）句也为真。因此，在真理条件上这些句子为释义关系。尽管在语法结构上，「癌に」和「癌で」的功能不尽相同，但在句义角色上两者一样，都用来表示"原因"，所以（19a）和（19b）同义。

39

3.6 论元解释的模糊性

表层结构中一个句法成分在深层结构中未必只承担一个语义角色，有的时候，也可以承担一个以上的语义角色。比如[4]：

（20）審議会で結論を出すだろう。

「審議会で」在句法结构中用做补足语，但在语义结构中，益冈（1987）认为可以有两种解释，一种是（21），一种是（22），即不仅可以表处所，也可以表施事。

（21）施事Xが審議会の場で結論を出すだろう。

（22）審議会が結論を出すだろう。

类似的例句还有：

（23）洋子が花子にメモを渡した。

（24）花子が日本を離れた。

（25）次郎が洋子にプレゼントをもらった。

例句（23）中的「洋子」兼表施事和起点两个论元，这句话还可以说成「洋子から花子にメモを渡した」。

例句（24）中的「日本」兼表路径和起点两个论元，这句话还可以说成「花子が日本から離れた」。

例句（25）中的「洋子」兼表对方（相手）和起点两个论元，这句话还可以说成「次郎が洋子からプレゼントをもらった」。

这种论元解释的模糊性是因为观察问题的角度不同，同时也反映了句法结构中的语法标记的模糊性。

山梨（1993）举了一组非常有说服力的例句来说明这个问题，如表4。在表4中，「で」的语义是模糊的。在例句①中它用来表工具，在例句⑤中它用来表原因。例句②的前景为表工具，但背景里蕴含表原因。例句④的前景为表原因，但背景里蕴含表工具。要想激活例句②和例句④的背景义，就必须提供足够的语境。例句③是一个典

---

[4] 详见益冈（1987），例句也来自益冈。

型的语义模糊句。表工具和表原因都在前景里，两个语义可以同时激活。也就是说，当有人说「扇風機でシャツをかわかす」时，句法结构上用做补足语的「扇風機で」在语义结构中，既可以理解为工具论元，也可以理解为原因论元。

表3-4 「で」的语义模糊性

工具	① カギでドアをあける。
	② 片足で立つ。
	③ 扇風機でシャツをかわかす。
	④ モンローの魅力で観客を惑わす。
原因	⑤ ガンで死ぬ。

再比如：

（26）太郎が論文を書く。

（27）太郎は喜ぶ。

例句（26）（27）中，「太郎」在句法结构里都被称做主语或主格，但语义结构中，它们所扮演的语义角色是不同的。例句（26）中的「太郎」用来表施事，是最典型的用法。例句（27）中的「太郎」用来表经历者，而不是施事。

思考题

[1] 请举例说明什么是"必有论元"，什么是"可有论元"。

[2] 请举例说明表层结构与深层结构之间的关系和术语的不同。

[3] 日语的「Nに＋V」中的「Nに」可以用来表4个论元：场所（場所）、对方（相手）、经历者（経験者）和去向（行き先），请分别举出这些例句。

本章参考文献

［1］石綿敏雄. 現代言語理論と格[M]. 東京：ひつじ書房，1999.

［2］木村睦子. 国立国語研究所報告113　日本語における表層格と深層格の対応関係[M]. 東京：三省堂，1997.

［3］仁田義雄. 日本語の格をめぐって[M]. 東京：くろしお出版，1993.

［4］益岡隆志. 命題の文法[M]. 東京：くろしお出版，1987.

［5］村木新次郎. 日本語動詞の諸相[M]. 東京：ひつじ書房，1991.

［6］山梨正明. 格の複合スキーマモデル——格解釈のゆらぎと認知のメカニズム——[M]//仁田義雄. 日本語の格をめぐって. 東京：くろしお出版，1993.

［7］山梨正明. 認知言語学原理[M]. 東京：くろしお出版，2000.

［8］于康. 日语论文写作——方法与实践[M]. 北京：高等教育出版社，2008.

［9］于康. 第二章日语语法研究，第三章日语的语法结构与语义研究[M]//翟东娜. 日语语言学. 北京：高等教育出版社，2006.

［10］Klincksieck. Éléments de syntaxe structurale[M]. 1959. 小泉保訳. 構造統語論要説. 東京：研究社，2007.

［11］Fillmore. Charles J. (1968) "The Case for Case" [M] .In Bach and Harms (Ed.): Universals in Linguistic Theory. New York: Holt, Rinehart, and Winston.

日文版：田中春美，船城道雄訳. 格文法の原理——言語の意味と構造——[M]. 東京：三省堂，1995.

中文版：胡明扬译. "格"辨[M]. 北京：商务印书馆，2002.

第4章

宾语的界定与动词的类型

动词可以根据其自身的句法和语义功能进行各种分类。动词分类的目的并不是为了分类而分类，而是要从动词的各种分类中去寻求解决问题的办法和解释问题的规则。

4.1 他动词和自动词的定义

说到动词的分类，研究汉语的人会很自然地认为可以分为及物动词和不及物动词，研究日语的人会很自然地认为可以分为他动词和自动词[1]。

日语的「他動詞」和「自動詞」来自transitive verb和intransitive verb的英译。这两个英语的术语汉语用"及物动词"和"不及物动词"来表达。通常，在没有任何语境提示的情况下，transitive verb需要宾语的共现才能完句，而intransitive verb不需要宾语的共现就能完句。宾语在日语中称做「目的語」。

因此，如果要给他动词和自动词下定义，通常可以做如下规定：

凡是要求宾语共现的动词可以称做「他動詞」，凡是不要求宾语共现（并非省略）的动词可以称做「自動詞」。

---

[1] 日语里习惯将自动词放在前面，说成"自动词和他动词"，或"自他动词"。本书为了与"及物动词和不及物动词"的说法相对应，说成"他动词和自动词"。

4.2 宾语的界定

但实际上，以是否要求宾语共现来作为「他動詞」和「自動詞」的界定标准并不科学。问题的关键在于我们现在还没有一个界定宾语的客观标准。

因为，在不同语言的研究中，宾语的定义是不同的，界定标准也存在很大的差异。比如，汉语属于孤立语，各种句子成分的句法功能只能依靠其在句中的位置来判断。汉语中，凡是出现在动词之后，又不属于补语成分的通常被看做宾语。因此，在下面的例句中，画线的部分都是宾语。

（1）海霞吃过<u>生鱼片</u>。
（2）小熊买了<u>两台电脑</u>。
（3）他吃<u>大碗</u>，我吃<u>小碗</u>。
（4）我吃<u>食堂</u>。
（5）墙上挂着<u>一串干柿子</u>。
（6）地上蹲着<u>一个人</u>。
（7）前面跑来<u>三个人</u>。
（8）监狱里跑了<u>三个犯人</u>[2]。

例句（1）～（4）是有生物用做主语的例句，例句（5）～（8）是无生物用做主语的例句。在上面这些例句中，出现在宾语位置上的名词成分所充当的语义角色不尽相同。例句（1）的"生鱼片"和（2）的"两台电脑"用来表受事，例句（3）的"大碗""小碗"用来表方式，例句（4）的"食堂"用来表方式。与此相比，例句（5）的"一串干柿子"表受事，例句（6）的"一个人"、例句（7）的"三个人"、例句（8）的"三个犯人"都用来表施事。

日语属于黏着语，可以借助格助词（格助詞）[3]来表明句中各个

---

[2] 为了表述方面，这里暂时不涉及名词宾语以外的宾语问题，比如动词短语作宾语等。
[3] 本书将「が」「を」「で」「に」等看做黏着语素，而不是"词"，按理说应该表述为"格助辞"。但考虑到"格助词"已经成为习惯的说法，所以这里暂且沿用传统的表述方式。

成分所扮演的角色。所以，日语的格助词往往就很容易被看做界定名词成分在句子中的句法功能或语义功能的标准。由于日语中的「を」常用来表受事，因此，有很多人会认为是否与格助词「を」共现可以看做界定日语宾语的标记。

但是，在日语中，与「を」共现的名词未必都用来表受事，与「を」格名词共现的动词也未必都是他动词，其中有不少是自动词。比如：

（9）廊下を走る。（路径）

（10）家を出る。（起点）

例句（9）中「を」格名词表路径，例句（10）中的「を」格名词表起点，它们都不表受事，因此这两个例句中的「を」格名词通常都不会看做宾语。

而且，即使是他动词用做谓语，与他动词共现的「を」格名词有的时候也不表受事。比如，「うつ」这个动词是他动词，通常可以带受事宾语，比如，「太鼓をうつ」。但是，

（11）ホームランをうつ。（结果）

（12）ワープロをうつ。（工具）

在例句（11）和（12）中，「を」格名词都不表受事，例句（11）中的「を」格名词用来表结果，例句（12）中的「を」格名词用来表工具。

如果将「うつ」看做他动词，就等于承认凡是与"表受事的名词＋を""表结果的名词＋を""表工具的名词＋を"共现的动词都是他动词，而且，这些动词句中"表受事的名词""表结果的名词""表工具的名词"都可以看做宾语。在汉语语法研究中，除了受事宾语外，还存在非受事宾语。既然不表受事的论元也可以看做宾语的话，那么，为什么日语自动词句中"表路径的名词＋を"和"表起点的名词＋を"不能看做宾语，与这些论元共现的动词不能看做他动

词就比较费解了。这是因为如果「を」不能用做界定宾语的标记的话，那么，我们就等于失去了界定他动词和自动词时的语法标记。

4.3 经典性的他动词界定标准

从上面的讨论中可以看出，由于作为界定他动词和自动词标准的宾语的定义尚未确定，所以，以尚未确定的标准来界定日语的他动词与自动词，自然就很难具备客观性和统一性。

4.3.1 松下界定他动词的"「を」格名词共现标准"

早在1923年，松下在归纳他动词研究时就指出，当时界定他动词和自动词的观点可以分为三派：实质派（実質派）、形式派（外形派）和怀疑派（懐疑派）。

实质派根据语义的实质来界定他动词和自动词。形式派根据动词的形式来判断他动词和自动词。怀疑派认为界定他动词和自动词来自西方语法，是一个姑且之举，既不符合日语自身的规律，实际上也无法界定他动词和自动词，因此根本就无界定的必要[4]。

松下认为实质派的观点有误，形式派过于浅薄，缺乏理论性的论证，而怀疑派的结论操之过急。在这种情况下，松下提出了界定他动词的「を」格名词共现标准。

实际上，考察现在界定他动词和自动词的研究，尽管内容多少有些不同，依旧没有跳出这三派的框架。

松下（1896，1897）认为[5]，凡是与「を」格名词共现的动词都是他动词，凡是不与「を」格名词共现的动词都是自动词。

比如，「空を吹く」「天を飛ぶ」「河を渡る」「水を泳ぐ」

---

[4] 山田孝雄就是一个典型的代表。
[5] 他動の動詞は必處格名詞[何々ヲといふ言葉]に結合す。而志て處格名詞に結合するものは必他動の動詞たらざるべからず。されば他動なりや否やを知るには、處格名詞に結合せりや否やを験するのみにて足りて。松下（1896a:78. 旁点省略）。据須賀・早津（1985）介绍，後藤克己、中西宇一、須賀一好也持相同观点。

第4章 宾语的界定与动词的类型

「道を行く」「坂を登る」「電車道を帰る」「今日を遊ぶ」「一年を待つ」「三年を住む」中的「を」格名词的表义功能显然是不同的，但是，由于这些句子中的动词都与「を」格名词共现，所以都是他动词。而「下女が使に行く」「門から出る」中的动词由于没有「を」格名词的共现，所以都是自动词。

再比如，在「主婦が下女に使に行かせる」和「主婦が下女を使に行かせる」这两个句子中，前者的「下女」的语法标记是「に」而不是「を」，所以这个句中的「行かせる」是自动词；后者的「下女」的语法标记是「を」而不是「に」，所以这个句中的「行かせる」是他动词。

关于他动词和自动词的界定标准，松下解释说，语法上的他动词和自动词之别与现实中的客观事实不同。语法上的他动词和自动词指的是概念与概念在形式上的结合。也就是说，松下认为他动与自动是语法上的问题，而不是实际客观事实的反映。

比如，看见有人死在路上，要判断是他杀还是自杀那是法医的工作，与语法本身没有关系。即使是他杀我们也可以说成「死んだ」；即使是衰老而死，我们也可以说成「老が人を殺した」[6]。「花が散る」和「風が花を散らす」，前者是自动，后者是他动。「散る」与「花」共现就可完句，而「散らす」却需要与「動作の材料」的共现才能完句[7]。也就是说，这里的他动和自动并非指实际的动作，而是指语法概念与语法概念的结合[8]。

「地震が家を倒した」和「家が地震に因つて倒れた」这两个句子指的是同一种客观现象。这种客观现象自身其实并无他动和自动之

---

[6] 具体论述请参见松下（1923[29–12]:28）。

[7] 金田(1941)也是根据动词自身可否完句来界定自他动词。即：
自動詞とは自ら然る又は自ら然するもので、例えば、何がどうある又はするというに止り、動作が他へ及ばずに、それ自身で意味の纏もるものである。
他動詞とは、他を然するもので、例えば、何を、どうするという類であり、動作が他へ及び、動主が、人を、或いは事物を処理する意味がある。その処理されるもの、即ち目的語を、云わないと、意味が完結しない嫌いがある。(1992:127)

[8] 具体论述请参见松下（1923[29–12]:35）。

别。但是，如果说话人以「地震」为焦点叙述事件时，便会在语法上形成"他动（倒す）"的语法概念，说成「地震が家を倒した」；如果说话人以「家」为焦点叙述事件时，便会在语法上形成"自动（倒れる）"的语法概念，说成「家が地震に因つて倒れた」[9]。也就是说，"自动无处置他物之意，而他动反之"[10]。

于是，在这个前提下，松下将所有要求「を」格名词共现的动词都称做他动词，并根据与「を」格名词共现的动词的类型，提出以下的界定规则[11]：

① 对称型自他动词与单独型自他动词（対称的自他動と単独的自他動）。
② 意志型他动词与自然型他动词（意志的他動と自然的他動）。
③ 形式他动词与实质他动词（形式的他動と実質的他動）。
④ 完全他动词与致使型他动词（完全他動と使動的他動）。
⑤ 直接自动词与致使型自动词（直接自動と使動性自動）。
⑥ 被动型自动词与直接自动词（被動性自動と直接自動）。
⑦ 自动词的他动词化（自動詞の他動化）。

"对称型自他动词"指的是自动词和他动词两者相对立的动词。如「散る」和「散らす」、「死ぬ」和「殺す」。"单独型自他动词"指的是没有对应的他动词或自动词存在的动词，这类动词又可以分为两类，一类是"单独型自动词"，一类是"单独型他动词"。

"意志型他动词"指的是「名を立てぬ」一类的动词，"自然型他动词"指的是「名を立ちぬ」一类的动词。松下指出还存在"意志型自动词"，这类动词指的是「名立ちぬ」一类的动词。

"形式他动词"指的是「を」格名词表示的不是动作所指的对象，而只是用来表示场所的动词，如「風が空を吹く（吹き通る）」

---

[9] 具体论述请参见松下（1923[29–12]:35）。
[10] 自動とは他を處知する意なきものなり。他動とは之に反するものなり。松下（1896a:78）。
[11] 具体内容请参见：松下（1923~1924[29–12]，[30-1.2]）。

中的「吹く」。"实质他动词"指的是有动作对象实际存在的动词，如「風が砂を吹く（吹き飛ばす）」「風が草を吹く（吹き靡ける）」「風が電信柱を吹く（吹き当る）」「風が草原を吹く（吹き靡けて通る）」中的「吹く」。

"形式他动词"还可以分为4类：

① 动作展开型形式他动词（進行的形式他動）。

比如，「空を吹く」「天を飛ぶ」「河を渡る」「水を泳ぐ」「道を行く」「坂を登る」「山を下る」「電車道を帰る」「山道を走る」「軌道を歩く」「前を通る」中的动词。

② 出发型形式他动词（出発的形式他動）。

比如，「国を去る」「親を離れる」「東京を立つ」中的动词。

③ 时间型形式他动词（時間的形式他動）。

比如，「今日を遊ぶ」「一年を待つ」「三年を住む」中的动词。

④ 宾语后置型形式他动词（後件的形式他動）。

比如，「梓弓今は春山行く雲の<u>行きや別れむ</u>、<u>恋しきものを</u>」中，画单线者为后置型他动词，画双线者为宾语。

"完全他动词"指的是「人を殺す」中的「殺す」一类的动词。"致使型他动词"指的是「人を死なせる」中的「死なせる」一类的动词。

"直接自动词"指的是「が」格名词所指者的动作的动词，如「下女が使に行く」中的「行く」，这里的「行く」只用来表示「下女」的动作。"致使型自动词"指的是同时蕴含致使者[12]和施事的动作的动词，如「主婦が下女に使に行かせる」中的「行かせる」，这里的「行かせる」既表示「主婦」的动作，同时也表示「下女」的动作。不过，在「主婦が下女を使に行かせる」中，「行かせる」为致使型他动词。

"被动型自动词"指的是「花が風に散らされる」中「散らされ

---

[12] 松下并没有使用"致使者"和"施事""受事"这类术语。为了便于理解，我们暂时借用这些术语来做说明。

る」这类自动词。"直接自动词"指的是「花が散る」中「散る」这类自动词。

"自动词的他动词化"共有6类：

① 动作展开型动词的他动词化（進行動詞の他動化）。

「行く」「飛ぶ」「歩く」「上る」等动词原为表动作的自动词。但是，当其要求表场所的成分作为宾语共现时便转变为他动词。比如，「道を行く」「空を飛ぶ」「畑を歩く」「山を上る」中的动词都是他动词。

② 出发型动词的他动词化（出発動詞の他動化）。

「出る」「立つ」「去る」「落ちる」等动词表示从某个场所出发，如「門から出る」「東京から立つ」所示，原来都是自动词。但是，当其要求起点成分共现时，如「門を出る」「東京を立つ」，便转变为他动词了。

③ "依据动词"的他动词化（依拠動詞の他動化）。

比如，在「人に勧める」「人に教へる」中，动词为"依据动词"，要求所依据的宾语以「に」的形式共现。而在「人を勧める」「人を教へる」中，宾语由「を」来表示，动词由此失去依据性，成为他动词。

④ 连词型自动词式"依据动词"的他动词化（連詞的自動詞なる依拠動詞の他動化）[13]。

连词型自动词指的是由连词构成的自动词。比如，「少女に道を問ふ」中，「道を問ふ」就是一个连词，尽管这个连词的内部结构是"宾语＋他动词"，但由于需要「少女に」共现，而按照松下的观点，凡是与"名词＋に"共现的动词都是依据动词，所以「道を問ふ」这个成分是连词型自动词，

---

[13] 詳しく云へば他動詞を含む連詞的自動詞の他動化である。（松下1923～1924[29-12]，[30-1.2]）。

属于依据动词类。但是，在「少女を道（を）問ふ」中[14]，由于「道（を）問ふ」需要「少女を」共现，这个连词就成了他动词了。

⑤ 一致型他动词的非一致型他动词化（一致的他動詞の非一致的他動化）。

比如：

水を湯に沸す ⇒ 湯を沸す

米を飯に炊く ⇒ 飯を炊く

⑥ 单纯自动词的他动词化（単純自動詞の他動化）。

比如：

舞ふ ⇒ 舞を舞ふ

歌ふ ⇒ 歌を歌ふ

云ふ ⇒ ものを云ふ

从以上介绍可以看出，实际上，松下的他动词与自动词的界定标准与汉语的思路非常接近。汉语以动词后的位置上可否出现名词（除补语之外）为界定及物动词与不及物动词的标准，无论该名词充当什么语义角色，即无论是受事，还是施事，或是工具、方式、处所等等，只要出现在这个位置上，那就都可以看做宾语，凡是要求宾语共现的动词就都是及物动词。而松下以是否与「を」共现做为界定他动词与自动词的标准，无论该名词充当什么语义角色，即无论是受事，还是施事，或是路径、起点等等，只要与「を」共现，那就都可以看做宾语，凡是要求宾语共现的动词就都是他动词。

4.3.2 三上的「能動詞」与「所動詞」

松下的分类依据是否与「を」共现，并主张他动和自动是语法上的概念，不应该与现实生活中的事实相混淆。尽管这个观点具有先见之明，现在也得到了很多学者的赞同，但是，当时也只能作为一家

---

[14] 逢坂に逢ふや少女を道問へばただには告らず播磨路を告る。

之言，并没有成为一个公认的标准。在这种仁者见仁智者见智的情况下，三上（1953）提出了自己的分类方法。

三上首先以是否构成被动句来界定动词。凡是可以构成被动句的动词都称做"能动词（能動詞）"，比如「食べる」「歩く」「泣く」。凡是不能构成被动句的动词都称做"所动词（所動詞）"[15]，比如「ある」「売れる」「似合う」等。

其次以被动句的类型来界定他动词和自动词。凡是可以构成"直接被动句（まともな受身）"的动词可以看做他动词，凡是只能构成"间接被动句（はた迷惑の受身）"的动词可以看做自动词[16]。

直接被动句指的是有主动句对应的被动句。比如：

（13a）　次郎が太郎に殴られた。（被动句）

（13b）　太郎は次郎を殴った。（主动句）

间接被动句指的是没有主动句对应的被动句。比如：

（14a）　田中さんは事故で弟に死なれた。（被动句）

（14b）　×弟は田中を事故で死ぬ。（主动句）

（15a）　私は昨夜一晩中隣の人にピアノを弾かれて寝られなかった。（被动句）

（15b）　×昨夜一晩中隣の人は私をピアノを弾いて寝られなかった。（主动句）

这个分类方法得到了很多学者的响应，成为动词分类的一个经典的规则。但是，这个标准依旧还是没有最终解决他动词和自动词的界定问题。正如须贺・早津（1995）所归纳的：

自他の判別は、形態的な自他対応、動詞とヲ格名詞との意味関係、そして、「直接受身」の成立の可否という三種類のてがかりによってなされているが、典型的な自動詞あるいは他動詞は、これら三種類

---

[15] 由于这两个术语很难用汉语来表达，只好直接使用该术语。

[16] 比如，「次郎が太郎に殴られた」被看做直接被动句，「子供に泣かれた」和「廊下を走られて困っている」被看做间接被动句。

のてがかりすべてにおいて自動詞的あるいは他動詞的な特徴を持っている。しかし、なかには典型から逸脱した例も見られる（p.230）[17]。

4.4 成对他动词与非成对他动词和非成对自动词

早津（1989）认为他动词和自动词还可以根据是否成对分为成对动词和非成对动词。分解早津的分类，可得如下小类：

① 成对他动词（有対他動詞）。
② 成对自动词（有対自動詞）。
③ 非成对他动词（無対他動詞）。
④ 非成对自动词（無対自動詞）。

成对他动词或成对自动词指的是有相应的自动词或他动词与其配对的动词。比如：

他动词	自动词
止める	止まる
暖める	温まる
落とす	落ちる
付ける	付く
掛ける	掛かる
上げる	上がる

非成对他动词或非成对自动词指的是没有相应的自动词或他动词与其配对的动词。比如：

他动词	自动词
食べる	×
読む	×
買う	×
歌う	×

---

[17] 比如，「住所を移る」「ワープロをうつ」中的自动词和他动词的用法应该可以看做非典型的用法。

他动词	自动词
飲む	×
×	働く
×	遊ぶ
×	走る
×	泣く
×	泳ぐ
×	喜ぶ

4.5 界定他动词的可行性

界定他动词和自动词时还有两个需要考虑的问题。

① 为什么要界定他动词和自动词，不界定他动词和自动词会给语法研究和语言学习造成什么障碍？

② 如果要界定他动词和自动词，其界定标准就不应该只能用于解释个别语言，而是应该具备普遍意义才行。

松下以是否与「を」格名词共现来界定他动词，可是与这个「を」格名词功能近似的名词成分至少还有一个「に」格名词。

如例句（16）和（17）所示，「方案」在句中充当受事，应该是「反対する」的宾语，但日语通常用「に」来标记「方案」，而不使用「を」。

（16）方案に反対する。

（17）×方案を反対する。

再比如，在"感谢您的厚意"这个汉语句子里，"厚意"是宾语，而如果用日语来表达同样的意思，如例句（18）和（19）所示，既可以用「を」来标记「ご厚意」，也可以用「に」来标记「ご厚意」。如果说「ご厚意を」是宾语，而「ご厚意に」不是宾语的话，似乎有违语言事实。

（18）ご厚意を感謝する

（19）ご厚意に感謝する

因此，如果只把与「を」格名词共现的动词看做他动词，就解释不了没有「に」格名词共现就不能完句的现象[18]。

三上的分类方法的确能够说明日语他动词和自动词的特点。但是，与上述问题一样，这也仅仅只能解决日语的问题。因为，间接被动这个现象是日语的一大特点，其他语言中虽然也能观察到类似的现象，但不如日语这么发达，并不常见。而且，在很多情况下只有日语才能说。

比如，「雨に降られた」「子供に泣かれた」在日语里属于间接被动，但是这两个句子汉语通常是不会说"被雨下了""被孩子哭了"。也就是说，日语「降る」「泣く」可以根据是否构成间接被动来判断是他动词还是自动词，但这个标准就不能用于汉语，因为汉语的"下（雨）"和"哭"在没有补语的情况下通常是不会直接构成被动句的。所以，这个标准无法说明汉语的"下（雨）"和"哭"究竟是及物动词还是不及物动词。

实际上，汉语的"下雨"通常被看做"及物动词+宾语"结构，而"哭"在"她哭了"中是不及物动词，但在"死后别哭我"中就被看作及物动词了。但是日语的「降る」「泣く」却只有自动词的用法，而没有他动词的用法。因此，日语是不会说成「×雨を降る」「×死んだ後、私を泣かないでくれ」的。

也就是说，日语根据某种标准界定的自动词在汉语里有可能被看做及物动词，而日语根据某种标准界定的他动词在汉语里有可能被看做不及物动词。

因此，如果需要界定他动词和自动词（及物动词和不及物动词），那么就有必要建立一个跨语言的并具有普遍意义的界定标准。如何抽取归纳并建立这个具有普遍意义的界定标准对需要界定他动词和自动词的人来说是一个迫切需要解决的问题。就现状来看，我们不得不承认现在所说的他动词和自动词所依据的是一个十分模糊的标准。

---

[18] 仁田（1982）将要求「に」格名词共现的动词称做「第二種他動詞」。

思考题

[1] 请举例说明松下大三郎界定他动词和自动词的标准。

[2] 请举出三对汉语称做宾语,而日语称做补足语的例子。

[3] 请说明什么是成对他动词和成对自动词,什么是非成对他动词和非成对自动词。

本章参考文献

[1] 影山太郎.動詞意味論—言語と認知の接点—[M].東京:くろしお出版,1996.

[2] 金田一京助.新国文法[M].東京:武蔵野書院,1941.(金田一京助全集第三卷国語学Ⅱ.東京:三省堂,1992再録.)

[3] 須賀一好,早津恵美子.動詞の自他を見直すために//須賀一好,早津恵美子.動詞の自他[M].東京:ひつじ書房,1995.

[4] 須賀一好,早津恵美子.動詞の自他[M].東京:ひつじ書房,1995.

[5] 鈴木重幸.日本語文法・形態論[M].東京:むぎ書房,1972.

[6] 田中稔子.現代日本文法の問題点(四)自動詞と他動詞か、無意志動詞と意志動詞か[J].国文学解釈と鑑賞,54-7,1989.至文堂.

[7] 早津恵美子.有対他動詞と無対他動詞の違いについて[J].日本言語学会.言語研究,95,1989.

[8] 松下大三郎.動詞の自他[J].国学院大学.國學院雜誌,1896a:3-2.

[9] 松下大三郎.動詞の自他(承前) [J].国学院大学.國學院雜誌,1896b:3-3.

[10] 松下大三郎.動詞の自他(第三につづく) [J].国学院大学.國學院雜誌,1897a:3-7.

[11] 松下大三郎. 動詞の自他(承前) [J]. 国学院大学. 國學院雑誌, 1897：3-11.
[12] 松下大三郎. 動詞の自他被使動の研究[J]. 国学院大学. 國學院雑誌, 1923：29-12.
[13] 松下大三郎. 動詞の自他被使動の研究(二) [J]. 国学院大学. 國學院雑誌, 1924a：30-1.
[14] 松下大三郎. 動詞の自他被使動の研究(完) [J]. 国学院大学. 國學院雑誌, 1924b：30-2.
[15] 三上章. 現代語法序説[M]. 東京：くろしお出版(1972), 1953.
[16] 宮島達夫. 動詞の意味・用法の記述的研究[M]. 東京：秀英出版, 1972.
[17] 山田孝雄. 日本文法論[M]. 神戸：宝文館, 1908.

第5章

自动词的分类与语义指向的制约

尽管界定他动词和自动词还没有一个最有效的标准，但将动词分为他动词和自动词已经成了一个默认的方法。因此，在新的标准出现之前，为了避免不必要的混乱，我们也暂且承认动词可以划分为他动词和自动词，并沿用现有的分类标准[1]。

过去，解释日语自动词的时候，只是认为不能带宾语，由动词单独构成谓语者便可以看做自动词，并没有对其内部进行更细致和更深入的考察。1978年Perlmutter提出"非宾格性假设（Unaccusative Hypothesis）"，认为动词还可以分为"非作格动词（非能格動詞/unergative verbs）"和"非宾格动词（非対格動詞/unaccusative verbs）"。尽管这个假设还存在一些尚未解决的问题，但在当今的语言研究中基本上已经成为一个重要的研究思路。在日语研究中，"非作格动词"和"非宾格动词"通常是指"非作格自动词（非能格自動詞）"和"非宾格自动词（非対格自動詞）"。

5.1 非宾格性假设[2]

Perlmutter（1978）的非宾格性假设认为，非宾格动词句中的主

---

[1] 这里的"标准"同样很难确定，基本沿用词典的划分结果和已有的研究成果。
[2] Unaccusative Hypothesis有很多汉译。比如，"非宾格动词假说""非宾格假说""非宾格假设""非宾格性假设"等。

语在D结构（底层结构[3]）中相当于宾语。

比如，以例句（1）和（2）为例，

（1）車を止めた。

（2）車が止まった。

例句（1）是他动词句，例句（2）是自动词句。「車」在（1）中用做宾语，在（2）里用做主语，但在D结构里，（1）和（2）中的「車」都用来表受事。因此，尽管（2）的「車」在表层上用做主语，但其性质实际上相当于他动词的宾语，这类动词便被称做"非宾格动词"。说得通俗一点，也就是说，凡是主语在语义上相当于他动词句中宾语所表示的受事时，该句子中的动词通常可以看做非宾格自动词。

5.2 Perlmutter & Postal（1984）的分类

Perlmutter & Postal（1984）对非作格自动词和非宾格自动词进行了分类[4]，具体内容如下：

非作格自动词

① 表意图或意志性行为的动词。

② 表生理活动的动词。

非宾格自动词

① 形容词或相当于形容词的状态动词

② 以受事作主语的动词。

③ 表示存在或出现的动词。

④ 表作用于五官感觉的非意图现象的动词。

⑤ 表时体的动词。

影山（1996：21）认为，充当非作格自动词的主语通常是施事

---

[3] 也有人称做"深层结构"。指投射至语法结构之前的、尚未位移的成分与动词等构成的真正的语法关系。尽管与语义结构的概念不同，但在思路上有类似之处。

[4] 详见影山（1996:20-21）。

（動作主/Agent）或经历者（経験者[5]/Experiencer）。施事用做表意图或意志性行为的动词句的主语，经历者用做表生理活动的动词句的主语。充当非宾格自动词的主语通常是受事（対象[6]/Theme），而且通常是表状态或位置发生变化的事物。

5.3 非作格自动词与非宾格自动词

在如何界定非作格动词与非宾格动词的问题上，存在两种不同的观点。一个是依据句法结构，以Perlmutter（1978）和Burzio（1986）为代表，认为可以根据底层结构（underlying structure）的不同来界定非作格动词和非宾格动词。一个是依据词汇语义学理论，以Van Valin（1990）和Levin and Rappaport Hovav（1995）为代表，认为可以根据动词的词汇意义来界定非作格动词和非宾格动词。

在日语非作格自动词与非宾格自动词的研究中，有两个非常具有代表性的观点：一个是根据主语在句中充当的角色来界定，一个是根据"动词连用形＋かけのNP"的模式来界定。

5.3.1 根据主语在句中充当的角色来界定非作格自动词和非宾格自动词

在日语中，无论是非作格自动词还是非宾格自动词，构句时通常只要求一个必有论元[7]共现。这个必有论元在句法上都用做主语，只是两者所充当的语义角色不同而已。

在施事作主语的自动词句中，动词通常被看做非作格自动词，在受事作主语的自动词句中，动词通常被看做非宾格自动词[8]。比如：

（3）男の子は、廊下を走った。（非作格）

---

[5] 也有人称之为"经验者""感受者""体验者"。
[6] 李杰（2007）称之为"主事"。
[7] "必有论元"与"可有论元"的定义请参见第3章的3.3。
[8] 实际上这个解释并不严密。因为施事和受事这两个术语本身并没有一个非常清晰的定义。比如，「バスが走る」和「稲妻が走る」中的主语在有些语境中似乎就不能认定为施事。

(4) 電気がつかない。（非宾格）

例句（3）中，「男の子は」是必有论元，「廊下を」是可有论元。「男の子は」用做主语，是实施「走った」这个动作的施事，所以动词「走る」通常被看做非作格自动词。

而例句（4）就不同了。「電気が」也是必有论元，也用做主语，但显然不是「つく」的施事。这里的「電気が」的语义角色与「電気をつける」中的宾语「電気を」相同，都用来表受事。因此动词「つく」不是非作格自动词，而是非宾格自动词。

但是，非作格自动词和非宾格自动词的界定实际上并没有一个十分明确的标准。上述的标准也只是一种具有典型意义的标准，忽略了很多无法判断的例句。比如：

（5）男が走る。

在例句（5）这个句子中，主语「男が」表施事，「走る」是非作格自动词。但是，

（6a）バスが走る。

（6b）バスはなにわの町を走る。

（6c）高速道路でバスが走る。

（6d）高速道路にバスが走る。

（7a）ひびが走る。

（7b）ひびが壁を走る。

（7c）×壁でひびが走る。

（7d）壁にひびが走る。

（8a）稲妻が走る。

（8b）稲妻が空を走る。

（8c）×空で稲妻が走る。

（8d）北の空に稲妻が走る。

在（6）（7）（8）这三组例句中，「バスが」「ひびが」「稲

妻が」都用做主语，但显然它们都不表施事。如果说「バスが」可以和表动作场所的「Lで」共现，是「有生物が」的一种换喻的说法，但至少「ひびが」和「稲妻が」是不能看做施事的，因为它们不与表动作场所的「Lで」共现，倒可以与表存在场所的「Lに」共现。

5.3.2 岸本的"动词连用形+かけのNP"界定模式

Kishimoto（1996）运用Role and Reference Grammar框架，从词汇语义学理论的角度出发，考察了界定非作格动词和非宾格动词的语义因素，提出了"动词连用形+かけのNP"的界定模式[9]，即：

凡是"动词连用形+かけのNP"中NP相当于他动词句中的主语时，动词为非作格动词。相反，凡是"动词连用形+かけのNP"中NP相当于他动词句中的宾语时，动词为非宾格动词。

比如，

（9a） 犬が吠える。

（9b） ×吠えかけの犬

（10a） 観客は叫ぶ。

（10b） ×叫びかけの観客

（11a） 作業員は働く。

（11b） ×働きかけの作業員

（12a） 野菜が腐る。

（12b） 腐りかけの野菜

（13a） 子どもはおぼれる。

（13b） おぼれかけの子ども

（14a） 花が枯れる。

（14b） 枯れかけの花

在例句（9b）、（10b）、（11b）中，「かけの」后面的名词成分相当于他动词句中的主语，所以不能出现在「かけの」之后NP这个位置

---

[9] 详见岸本（2000:71-110）。

上。因此，「吠える」「叫ぶ」「働く」这类动词都是非作格动词。

在例句（12b）（13b）（14b）中，「かけの」后面的名词成分相当于他动词句中的宾语，所以都能出现在「かけの」之后NP这个位置上。因此，「腐る」「おぼれる」「枯れる」这类动词都是非宾格动词。

这个模式还可以用于被动句中动词的界定。在被动句中，充当主语的名词成分在主动句中用做宾语。比如：

（15）彼は荷物を運んだ。

（16）荷物が彼に運ばれた。

例句（16）是被动句，「荷物が」在句中充当主语。例句（15）是主动句，「荷物が」在句中充当宾语。但是，（16）和（15）中的「荷物が」它们的语义角色是相同的，都用来表受事。在被动句（16）中用做主语的「荷物が」在主动句（15）中用做宾语。

也就是说，当被动句中的主语用做受事时，这类被动句中的主语相当于他动词主动句中的宾语。因此，凡是用在主语为受事的被动句中的他动词都可能具有非宾格的特征。这还可以通过下面的测试得到验证。

（17）荷物が運ばれた。

（18）運ばれかけの荷物

由于他动词主动句中的宾语和非宾格动词句中的主语以及被动句中的主语都能通过岸本模式的测试，可以说这三者性质相同，都用来表受事，因此，除了主动句中要求宾语共现的动词为他动词外，受事做主语的自动词句和被动句中的动词都可以看做非宾格自动词。

5.4 "非作格自动词和非宾格自动词"分类的应用案例

把自动词分为非作格自动词和非宾格自动词是要借助这种分类去寻求解决问题的方法。下面，我们就通过对日语存在句和副词「いっ

ぱい」的语义指向的分析来验证一下分类的必要性和有效性。

5.4.1 存在句的句式分析

以日语为母语的人在客观描述"某处存在某物"时，通常会使用"处所词前置存在句"来表达。比如：

（19）草薙の<u>携帯電話に</u>、湯川からの<u>着信記録が</u>残っていたのだ。（容疑者Xの献身）

（20）お常が現在の安心や未来の希望を覗く<u>戸口には</u>、重くるしい、<u>黒い影が</u>落ちているのである。（YUKANG语料库）

如果将这个类型的例句高度抽象化，可以得到下面的公式：

（21）表处所的名词に＋表受事的名词が＋非宾格自动词

归纳这个句式中主语和动词的特点可以发现，主语「NPが」都不表施事，而是都用来表受事，相当于他动词主动句中的宾语，如例句（22a）和（23a），因此，这个句式中动词都可以看做非宾格自动词。

（22a）記録が残る。

（22b）記録を残す。

（23a）影が落ちる。

（23b）影を落とす。

除了（21）的句式外，下面3种句式也可以用来客观描述"某处存在某物"。

（24）表处所的名词に＋表受事的名词が＋他动词的被动态

（25）表处所的名词に＋表受事的名词が＋他动词＋てある

（26）表处所的名词に＋表受事的名词が＋他动词被动态＋てある

比如：

（27）貞作も自分の運ぶ<u>干草の中に</u>、飛んでもない<u>荷物が</u>隠<u>されている</u>ことは露知らず。（YUKANG语料库）

（28）草薙は椅子にかけたコートのポケットから、一枚のコピー用紙を取り出し、テーブルの上で広げた。そこには男の絵が描いてある。（容疑者Xの献身）

（29）鍋の縁に「八五円」という値段書が貼られてあるのも、チラと石中先生の目に触れた。（YUKANG语料库）

由于（24）（25）（26）这些句式中的主语和（21）中的主语相同，都用来表受事，相当于他动词主动句中的宾语，因此，尽管动词在句中的表现形式不同，但（24）（25）（26）句式中的动词[10]都具有非宾格性，都可以看做非宾格动词。正因为这四个句式中主语的表义功能和动词的类型相同，所以它们都可以看做"处所词前置存在句"。

也就是说，通过非宾格性这个尺度，我们可以归纳出日语存在句的原型与其他形式之间的共性，从而抽取具有共性的规则，并根据这个规则对研究对象做出合理的解释[11]。

5.4.2 副词「いっぱい」的语义指向

副词「いっぱい」用来表"量"，所以也称做"量副词（量の副詞）"。仁田（2002）认为这类副词既可以用来表主语（仁田称做「主体」）和宾语（仁田称做「対象」）的量，也可以用来表动作的量（動きの量）。问题是根据什么来判断副词「いっぱい」是用来表主语和宾语的量，还是用来表动作的量。

我们可以用动词的类型为标准来考察副词「いっぱい」的共现规则和语义指向。也就是说，考察副词「いっぱい」可以与什么类型的动词共现，以及与这些动词共现时其语义指向哪个成分。

「いっぱい」有各种表现形式，比如，「N+いっぱい」「N+

---

[10] 这里的"动词"是指（27）（28）（29）中包含语态的部分，而不是光杆动词本身。也就是说，所谓的"非宾格性"是对"他动词+てある"整体这个形式而言的。

[11] 通过调查我们发现，虽然数量不多，也存在如下例句。详见于于康（2007）。
① 石神がアパートに戻ると、部屋の前に一人の男が立っていた。
② 階段を何段か上り大きなガラス戸を開けて中に入ると、受付に赤いワンピースを着た若い女性が座っていた。

いっぱいに」「いっぱいに」「いっぱいだ」「いっぱいになる」等[12]。这些形式与光杆副词「いっぱい」功能有所不同，因此不在讨论范围之内。另外，副词「いっぱい」并非可以修饰所有的动词。只有语义中蕴含数量义的动词才能与副词「いっぱい」共现。

首先，我们来考察一下与他动词共现时的情况。

（30）友達をいっぱい集めた。

（31）ビスケットをいっぱい入れた。

（32）宝石をいっぱい買った。

例句（30）～（32）中的动词都是他动词。在这些句子里，副词「いっぱい」都用来表达宾语「友達を」「ビスケットを」「宝石を」的量，而不是动作「集める」「入れる」「買う」的量。也就是说，当副词「いっぱい」与他动词共现时，通常它所表达的只是宾语即受事的量。只要是他动词，无论句中是否有宾语共现，「いっぱい」的语义都指向宾语的量。

其次，我们来考察一下与自动词共现时的情况。

自动词可以分为非宾格自动词和非作格自动词两类。通过前面的讨论可以得知，非宾格自动词句中的主语相当于他动词主动句中的宾语。根据"当副词「いっぱい」与他动词共现时，通常它所表达的只是宾语即受事的量"这个规则，可以预测与非宾格自动词共现的「いっぱい」在句中通常应该用来表达主语的量。比如：

（33）雪が軽い靴にいっぱい詰り、とけようともしない。

（34）桃色の花がいっぱい咲いている。

例句（33）和（34）中的动词都是非宾格自动词，句中的副词「いっぱい」显然都用来表达主语「雪が」「花が」的量。这个主语在他动词主动句中用做宾语（「雪を詰める」「花を咲かす」），由

---

[12] 比如，「ハンドルを、力いっぱい回し始めた」「花が、花瓶いっぱいにさしてあった」「ゴムをいっぱいに引っぱり、伸ばし切ってしまったら、再びゴムの用をなしませぬ」「胃がいっぱいだった」「どの乗物もいっぱいになる」。

第 5 章　自动词的分类与语义指向的制约

此可见，上面的预测是符合事实的。

在讨论日语存在句时我们提到，"他动词的被动态""他动词+てある"[13]句中的主语都相当于他动词主动句中的宾语，这两个句式中的动词都具有非宾格性。因此，我们也可以预测与它们共现的副词「いっぱい」也都应该用来表主语所指事物的量。比如：

（35）荷物がいっぱい置かれている。
（36）被爆者がいっぱい収容されている。
（37）洗濯物がいっぱい干してある。
（38）いろいろな包みがいっぱい置いてあった。

例句（35）（36）都是他动词被动句，句中的副词「いっぱい」都用来表主语「荷物が」「被爆者が」的量，语义都指向主语。例句（37）和（38）都是"他动词+てある"句，在这两个例句中，副词「いっぱい」同样都用来表主语「洗濯物が」和「包みが」的量，语义同样也都是指向主语，用来表主语所指事物的量。由此可见，上面的预测也是可以成立的。

但是，当动词为非作格自动词时，副词「いっぱい」表达的就不是主语的量，而是动作的量了。比如：

（39）彼らは休まず午後いっぱい働いた。
（40）ありがとう、いっぱい笑った。
（41）いっぱい走った踊った運動会。

实际上这也不难理解。如果说副词「いっぱい」主要用来表达受事的量，那么，非作格自动词由于没有表受事的论元共现，自然就失去了限定的对象，转而用来表达动作的量了。

如果上述的预测和分析符合语言事实，非作格自动词和非宾格自动词的分类显然有助于归纳副词「いっぱい」的共现规则和语义指向。即我们可以假设：

　　副词「いっぱい」凡是与他动词共现时，语义都指向宾语，即

---

[13] 由于没有检索到"他动词被动态+てある"与「いっぱい」共现的例句，暂时除外。

受事；凡是与非宾格自动词或具有非宾格性的动词共现时，语义都指向主语，即受事；当副词「いっぱい」与非作格自动词共现时，语义指向动词所表达的动作，表动作的量。

思考题

[1] 运用岸本的"动词连用形＋かけのNP"界定模式来界定动词「蹴る」「走る」「直る」的类型。

[2] 请说明下面的例句中副词「たくさん」的语义指向。

① たくさん飲んだ。

② たくさん壊れた。

③ たくさん歩いた。

本章参考文献

［1］影山太郎.文法と語形成[M].東京：ひつじ書房，1993.

［2］影山太郎.動詞意味論[M].東京：くろしお出版，1996.

［3］岸本秀樹.非対格性再考[M]//丸田忠雄・須賀一好.日英語の自他の交替.東京：ひつじ書房，2000.

［4］岸本秀樹.ベーシック生成文法[M].東京：ひつじ書房，2009.

［5］仁田義雄.副詞的表現の諸相[M].東京：くろしお出版，2002.

［6］于康.日本語の存在構文とその存在構文からみた動詞の意味と構文の意味とのかかわり[J].広島大学国語国文学会.国文学攷，192・193合併号，2007.

［7］于康.名詞の定指示か不定指示と量の副詞の意味指示との関わり―「たくさん」を手掛かりに―[C]//古希記念論集編集委員

会. 横川伸教授古希記念日中言語文化研究論集. 白帝社，2011.
[8] 李杰. 现代汉语不及物动词带主事宾语句研究. 上海：学林出版社，2007.
[9] Burzio, Luigi. Italian Syntax: A Government-Binding Approach[M]. Dordrecht: Reidel, 1986.
[10] Kishimoto, Hideki. Split intransitivity in Japanese and the unaccusative hypothesis[J]. Language 72, 1996.
[11] Levin, Beth, and Malka Rappaport HovavUnaccusativity. At the Sytnax-Lexical Semantics Interface[M]. Cambridge. MA: MIT Press. 1995.
[12] Perlmutter, David. Impersonal passives and the unaccusative hypothesis[J]. Berkeley Linguistic Society 4:157-89, 1978.
[13] Perlmutter, David and Paul Postal. The 1-advancement exclusive law, in D. Perlmutter and C. Rosen (eds.) Studies in Relational Grammar 2, 81-125[M]. Chicago: Chicago University Press, 1984.
[14] Van Valin, Robert D. Semantic parameters of split intransitivity[J]. Language 66. 221-260，1990.

第6章

语法研究中的意志动词与意志性

他动词句通常要求主语和宾语共现,句中的主语大多数用来表施事(動作主/Agent)[1],宾语用来表受事(対象/Theme)。非作格自动词要求主语共现,但不要求宾语共现,句中的主语大多数用来表施事。因此,除了无需宾语共现这点上与他动词不同外,在要求施事做主语这点上,非作格自动词和他动词具有相同的特点。与此相对,非宾格自动词就不同了。非宾格自动词要求主语共现,但不要求宾语共现,句中的主语通常用来表受事。因此,在不要求宾语共现这点上非宾格自动词与非作格自动词相同,但在主语所充当的语义角色上,非宾格自动词与非作格自动词就大不相同了,非宾格自动词通常要求受事做主语,而非作格自动词通常要求施事做主语。如表6–1。

表6–1 主语共现与表义功能

	他动词	非作格自动词	非宾格自动词
要求主语共现	○	○	○
要求宾语共现	○	×	×
主语通常表施事	○	○	×
主语通常表受事	×	×	○

如果动词要求施事做主语,施事通常又由有生物来充当,这样一来,就很容易形成一个非常自然的概念:施事在做某事时自然应该伴随施事的意志和意图。于是就出现了这么一种观点:他动词和非作

---

[1] 他动词句中的主语未必都用来表施事,还可以表经历者、感事和原因等等。

格自动词可以看做意志动词。

值得说明的是，所谓的意志动词指的不是动词的意志性（意志・意志的・意志性）或意图性（意図・意図的・意図性），而是施事实施某种动作或行为时的意志或意图。当然，当主语不是由施事来充当时，该句中的动词通常便会被看做非意志动词。但是，实际上事情并没有这么简单。

6.1 意志性动作

松下（1923）将动作动词分为两类，一类是运动型动作动词（運動的動作動詞），一类是静止型动作动词（静止的動作動詞）。这两类动作中都可以包含两个小类，一类是"意志性"的，一类是"自然性"的。如图6-1。

运动型动作动词 { 意志性：思ふ、草庭に生ず、雨が漏る、名をや立てなむ
自然性：覚ゆ、庭に草が生ず、話が漏れる、名をや立ちなむ

静止型动作动词 { 意志性：父たり、母たり、堂々たり、恍惚たり
自然性：父なり、母なり、美麗なり、遠かり

图6-1 松下（1923）的动词中"意志性"与"自然性"的分类

比如：
（1）管仲、齊に相たり。
（2）管仲、齊に相なり。

松下认为，在这两个句子中，前者「相たり」是意志性动作，后者「相なり」是非意志性动作。因为，前者的「管仲」是「相たり」的意志主体，可以支配该动作，同时又需要本人的努力来做该动作。而后者的「管仲」不是意志主体，「相なり」这个动作的实现既无需

「管仲」的意志，也无需「管仲」的努力（29-12：32）。

再比如：

（3）名を立てぬ。　　（意志型他动词/意志的他動詞）

（4）名を立ちぬ。　　（自然型他动词/自然的他動詞[2]）

（5）名立ちぬ。　　　（意志型自动词/意志的自動詞）

三者虽然都用来表示同一个事件，但是动词的类型不同。例句（3）中的「立てぬ」以人为主，属于"意志型他动词"，例句（4）中的「立ちぬ」以人为主，属于"自然型他动词"，例句（5）中的「立ちぬ」以「名」为主，属于"意志型自动词"。也就是说，充当主语的论元是决定动词是否为"意志型动词"的一个关键指标。

6.2 意志动词

金田一（1941）认为日语动词可以分为意志动词和非意志动词两类，之后，宫岛（1972）、铃木（1972）、吉川（1974）、仁田（1988）、杉本（1995、1997）等都使用这个术语。但是，各自的定义又有所不同。归纳各自的定义，可以如表6-2所示。

表6-2 意志动词的定义

学者	定义
金田一	動詞を、意義上から二つに分けて、意志動詞・無意志動詞ということがある。 「花を眺む」「月を詠ず」「雨をかこつ」「風を怨む」は意志動詞であるが、「秋冷日に増す」「大雨盆を覆す」などは自然現象で無論無意志動詞である。 「転んでけがをした」「驚いて目をまわした」の類は、自然現象ではないが、尚、求めてやったことではないから無意志動詞である。 同一の動詞でも、その時に由って或は意志動詞或は無意志動詞であり得る。その時に、力めて、或は求めてする意味が、即ち意志動詞である。

---

[2] 「名を立ちぬ」和「名立ちぬ」中的「立ちぬ」现在被看做自动词。

续表

学者	定义
宮島	動詞を意志的な動作をあらわすかどうかという点で分類しなければならない。 意志動詞というのは、主として意志的動作にもちいられる動詞。意志動詞が人を主体とする無意志的な動作をあらわすこともある。
鈴木	意志動詞：さそいかける形と命令する形を本来の意味でもちいることのできる動詞。 無意志動詞：さそいかける形と命令する形を本来の意味でもちいることのできない動詞。 意志動詞は、人間の意志的な動作をあらわす動詞に限られる。
吉川	① 意志動詞は、未来の動作に対する話し手（または相手）の現在の意志をあらわす。 ② やりもらい動詞には、意志動詞がつかわれるのが原則である。 ③ もくろみ動詞には意志動詞しかつかわれない。 ④ 「～ようにする」という言い方は、意志動詞・無意志動詞共に可能なのに、「～ことにする」という言い方は意志動詞についてのみ可能である。 ⑤ 「～ために」という言い方が「目的」と「原因」をあらわすうちで、「～」の部分が意志動詞の現在形でかつ後続の述語が意志動詞の場合のみ、「目的」をあらわし、他の場合は「原因」をあらわす。 ⑥ 副詞には、無意志表現（したがって無意志動詞が用いられる）と呼応するものと、意志表現と呼応するものとがある。これは「けっして」は否定形と呼応する、などということと同じ程度に重要なことであるにもかかわらずあまり言われていないことである。 ⑦ 二つ（以上）の動作を「て」で結ぶ場合、意志表現は意志表現と、無意志表現は無意志表現と結ばないとちぐはぐな文になる。
仁田	自己制御性を持った動詞が、いわゆる意志動詞であり、自己制御性を持たない動詞が、いわゆる無意志動詞である。 自己制御性とは、動きの発生・過程・達成を、動きの主体が自分の意志でもって制御できるといった性質である。

续表

学者	定义
杉本	筆者は、意志動詞の範囲を確定する場合、やはり、動詞の示す動作・作用・状態の成立・実現において、主体の意志が機能しているかどうかが決定的なポイントだと考える。動きの過程、即ち、動きの成立・実現の助走段階における主体の意志の機能は副次的な要素に過ぎないと考えている。そして、意志動詞・無意志動詞の定義に関しては、主体の意志が、動詞が示す動作・作用・状態の成立・実現の決定要因となっている動詞を意志動詞とよび、それ以外の動詞を無意志動詞とよびたい。

从上面的论述中可以看出，大多数的研究者都认为，所谓意志动词实际上指的是用来表达施事意志的动词，动词是否可以用来表达施事的意志，关键在于施事是否可以控制该动作或该行为。

不过，尽管有的动词所表达的动作或行为施事是可以控制的，但是，正如金田一（1941）所指出的那样，即便是同一个动词，有的时候既可以用做意志动词，也可以用做无意志动词。这里就蕴含着一个尚有争议、有待解决的问题。即我们应该根据什么标准来判定该动作是施事有意之举还是无意之举？把动词分成意志动词和无意志动词可以解决什么问题？

6.3 他动词与意志性

他动词主动句的最大特点是大多数要求施事作主语，受事作宾语。由于施事的动作针对受事，因此，说到意志动词或意志性问题，首先就会提到他动词主动句中的他动词。比如，「食べる」「飲む」「買う」「歌う」[3]等。

（6）太郎は食堂でご飯を食べる。

（7）子どもはジュースを飲む。

---

[3] 实际上「食べる」「飲む」等动作也并非只用来表施事的意志。比如，当你用漱口水漱口时，明明知道是不能喝的，有的时候也会「飲んでしまう」。所以所谓意志与非意志好比一张纸的两面；具有互换性。

第6章 语法研究中的意志动词与意志性

有的时候，尽管句中没有出现施事，动词也可以看做是意志动词。比如：

（8）シャベルで屋根の雪を落とす。（明鏡国語辞典）

例句（8）中，「シャベルで」用来表工具或手段，句中的「落とす」这个动作显然是受施事控制的，因此，可以由此认为「落とす」用来表示施事的动作，即施事要用铁锹铲掉屋顶上的积雪。于是，这个「落とす」便被看做意志动词。

但是，施事做主语，并要求受事宾语共现的他动词未必都用来表意志。比如：

（9）主人が私たちの仕上げた製作品とひき換えに受け取って来た金額全部を帰り途に落としてしまったことである。
　　（YUKANG语料库）

同样是施事做主语，在例句（9）中，"钱"不是「主人」故意扔掉的，而是「主人」无意丢失的。因此，同样是「落とす」，例句（8）中的「落とす」是意志动词，而例句（9）中的「落とす」就不能看做意志动词了。再比如：

（10）彼らは、空襲で家財道具をみんな焼いた。（影山1996）

（11）子供が手にとげを刺した。（影山1996）

（12）そうしてこの子は、しょっちゅう、おなかをこわしたり、熱を出したり、夫は殆ど家に落ちついている事は無く、子供の事など何と思っているのやら、坊やが熱を出しまして、と私が言っても、あ、そう、お医者に連れて行ったらいいでしょう、と言って、いそがしげに二重廻しを羽織ってどこかへ出掛けてしまいます。
　　（YUKANG语料库）

（13）犯人は被害者が部屋の中で転んで頭を打ったようにでも見せたかったのかねえ。（YUKANG语料库）

「家財道具を焼く」「とげを刺す」「おなかをこわす」「熱を出す」「頭を打つ」虽然都同样用于"施事＋受事を＋他动词"这个句式，但在例句中，它们都不是用来表施事有意志的动作，而是用来表达施事无意志的行为的。

前人研究中，有的认为可以根据是否用来表示命令或禁止来界定（宫岛1972），有的认为可以根据动词是否具有劝诱或命令形式来界定（铃木1972），有的认为可以根据是否与某些形式共现来界定（比如吉川1974）。可是，我们用这些条件来测试动词，正如这些规则的倡导者所指出的，都有很多例外的情况。即这些条件都不足以用来判断某个动词是否为意志动词或非意志动词。再比如：

(14) 財布を捨てた。

以汉语为母语的日语学习者绝大多数会认为例句（14）用来表示施事故意把钱包扔掉。因为辞典中「捨てる」的所有义项都解释为表施事的主动性动作。但是，「捨てる」在山口、岛根、德岛、爱媛、高知、宫崎、鹿儿岛、冲绳这些地区还可以用来表示无意丢失的意思[4]。也就是说，同样要求施事做主语，「捨てる」在"普通话"中是意志动词，但在方言中却是非意志动词了。

综上所述，如何界定意志动词以及动词在什么条件下表意志，什么条件下不表意志依旧是一个需要继续探讨的课题。

6.4 致使动词与意志性

一般说来，致使动词（使役動詞）有两种形式，一种是词汇致使动词（語彙的使役動詞），一种是语法致使动词（統語的使役動詞）。比如：

(15) 匠はテレビの電源を<u>落とした</u>。（YUKANG语料库）

(16) 何とか相手の手首と肘に同時に手をかけ、ぐいぐいしご

---

[4] 佐藤（2002:142）。

第6章 语法研究中的意志动词与意志性

いてナイフを<u>落とさせる</u>だけだ。（YUKANG语料库）

例句（15）中的「落とす」属于词汇致使动词，例句（16）中与「させる」共现形成的「落とさせる」属于语法致使动词。也就是说，词汇致使动词相当于他动词，即他动词的另外一种称呼。语法致使动词指的是与「せる」「させる」共现后的动词。

他动词与意志性的关系，上面已经讨论过了。下面我们来看一下语法致使动词与意志性的问题。

语法致使动词由于与表致使义的语法标记「せる」「させる」共现，所以，致使句中当有生物用做主语时，语法致使动词通常可以用来表示致使者的要求或意志等。因为，与他动词相比，语法标记「せる」「させる」应该更加凸显致使者的意志。比如：

（17）<u>監督</u>が選手達を毎日10キロ<u>走らせる</u>。

「走らせる」表示的不是施事「選手達」的意志，而是致使者「監督」的意志。但是，即便是致使者用做主语，语法致使动词与他动词一样也可以用来表现致使者无意志的行为。比如：

（18）<u>自分</u>が足を<u>滑らせた</u>ために、自ら出刃に自分の腿を突きたてたかたちになってしまった。（YUKANG语料库）

（19）左手を地に付け、肩を小刻みに<u>震わせる</u>。（YUKANG语料库）

例句（18）和（19）中的语法致使动词都不表施事的意志。（18）表示的不是施事故意"滑倒"，而是无意中"滑倒"。（19）表示的不是施事故意"发抖"，而是身体不由自主地"发抖"。

由此可见，即便是有明显的语法标记，语法致使动词也同样可以不表主语所指人物的意志，同词汇致使动词一样，语法致使动词也并非都是意志动词。

6.5 表施事意志的动词分类与语义连续统[5]

如果要重新思考意志动词与动词的意志性这个问题，首先应该把动词分为两大类。一类是可以用于表意志的动词，一类是不能用于表意志的动词。

然后，再对表意志的动词进行分类。这也可以分为两类。一类是双重身份的动词，即不仅可以用于表意志，也可以用于不表意志。一类是单一身份的动词，即只能用于表意志。如图6-2所示：

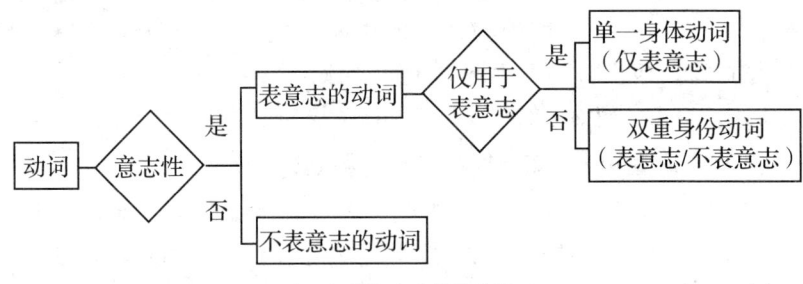

图6-2 动词的分类

所谓双重身份的动词指的是意志义为前景义而非意志义为背景义的动词，或非意志义为前景义而意志义为背景义的动词。前景义指的是无需语境的提示即可直接激活的语义，背景义指的是只有在语境提示的情况下才能激活的语义。只要条件充分，背景义就可以被激活，成为前景义。比如：

（20）財布を落とす。

当「落とす」与「財布」共现的时候，前景义为非意志义，即在没有任何语境提示的情况下，首先激活的是"不小心丢失了钱包"义。由于「落とす」还可以用来意志性动作，所以，当有足够的语境提示的情况下，例句（20）也可以用来表意志性动作。比如：

（21）わざと彼の後に財布を落とす。

---

[5] "语义连续统"指的是在语义关系上具有连续性和相关性的语义现象。

第 6 章 语法研究中的意志动词与意志性

前景义和背景义互为表里,正反两个语义具有连续性,构成一个连续统。

思考题
[1] 请解释动词「なくす」表意志和不表意志的条件。
[2] 请举例解释前景义与背景义。

本章参考文献

［1］ウェスリー・M・ヤゴブセン.他動性とプロトタイプ論[M].// 久野暲,柴谷方良.日本語学の新展開.東京:くろしお出版,1989.

［2］金田一京助.新国文法[M].東京:武蔵野書院,1941.（金田一京助全集第三卷国語学Ⅱ.東京:三省堂,1992再録.）

［3］佐藤亮一監修.お国ことばを知る方言の地図帳[M].東京:小学館,2002.

［4］須賀一好,早津恵美子.日本語研究資料集 動詞の自他[M].東京:ひつじ書房,1995.

［5］杉本和之.意志動詞と無意志動詞の研究—その1[J].愛媛大学教養部.愛媛大学教養部紀要,28-3,1995.

［6］杉本和之.意志動詞と無意志動詞の研究—その2[J].愛媛大学教育学部.愛媛大学教育学部紀要第Ⅱ部人文・社会科学,29-2,1997.

［7］鈴木重幸.日本語文法・形態論[M].東京:むぎ書房,1972.

［8］田中稔子.現代日本文法の問題点(四)自動詞と他動詞か、無意

志動詞と意志動詞か[J]. 国文学解釈と鑑賞，54-7. 至文堂，1989.

[9] 中村渉. 第5章　他動性と構文Ⅰ：プロトタイプ、拡張、スキーマ[M]//中村芳久編，池上嘉彦，河上誓作，山梨正明監修. シリーズ認知言語学入門5認知文法論II. 東京：大修館書店，2004.

[10] 仁田義雄. 再帰動詞，再帰用法・Lexico-Syntaxの姿勢から[J]. 日本語教育学会. 日本語教育，47, 1982.

[11] 仁田義雄. 意志動詞と無意志動詞[J]. 月刊言語5. 大修館書店，1988.

[12] 仁田義雄. 辞書には書かれていないことばの話[M]. 東京：岩波書店，2002.

[13] 松下大三郎. 動詞の自他被使動の研究[J]. 国学院大学. 國學院雑誌，29-12, 1923.

[14] 宮島達夫. 動詞の意味・用法の記述的研究[M]. 東京：秀英出版，1972.

[15] 吉川武時. 日本語の動詞に関する一考察[C]. 東京外国語大学外国語学部附属日本語学校. 日本語学校論集，1, 1974.

[16] 于康. 日语他动词分类的可行性与他动词的意志性[J]. 日语学习与研究杂志社. 日语学习与研究，5, 2009.

第7章

动作链的语义结构模式与语义模糊性

影山（2001）举了两个非常经典的例句。

（1）父は包丁でスイカを真っ二つに切った。

（2）×父は包丁でスイカを真っ二つに叩いた。

在日语里，例句（1）可以成立，而例句（2）却不能成立。为什么例句（2）不能成立，这对以汉语为母语的人来说理解起来很困难。因为日语的「叩く」在汉语里可以解释为"敲"，而"爸爸用菜刀把西瓜敲成两半"在汉语里是可以成立的。

「切る」和「叩く」虽然都是表示动作的动词，但是在例句（2）中，副词可否共现却受到了严格的制约。下面，我们从与动词共现的补足语和副词的语义类型入手来讨论动词的语义结构模式与蕴含义。

7.1 补足语与副词的语义类型

关于日语副词我们将在第9章里专门讨论。这里只涉及补足语和副词[1]的部分语义类型的问题[2]。

---

[1] 补足语指的是有格助词作标记的NP成分，比如「彼に」「ハンマーで」等。这里的"副词"是"副词性修饰成分"的简称，指的是如副词、形容词和形容动词的连用形这类没有格助词作标记的修饰成分，比如「たいへん」「非常に」「優しく」等。

[2] 日语的补足语和副词在句子中都是用来修饰动词的，因此，句法功能是相同的。只是补足语可以用做论元，而副词不能用做论元。这是补足语与副词的不同。

在例句（1）中，「包丁で」和「真っ二つに」都是用来修饰动词的，只不过叫法不同，前者被称做"补足语"，后者被称做"副词"。考察（1）中的「包丁で」和「真っ二つに」的语义功能可以发现，这是两个属于不同类型的成分。比如：

（3）包丁で切る。

（4）真っ二つに切る。

「包丁で」的语义指向动作的本身，用来说明进行「切る」这个动作时使用的工具或手段和方式[3]。相同的例句还有，

（5）扇風機でシャツを乾かす。

（6）タクシーで関西国際空港へ行く。

而「真っ二つに」的语义指向不是动作的本身，而是动作的结果。即用来表达「切る」这个动作的结果是受事「スイカ」变成了两半。这类副词也被称做结果副词（結果副詞）。相同的例句还有，

（7）骨董物の花瓶が粉みじんに壊れた。（影山2001）

（8）彼はフェンスを白く塗った。（影山2001）

（9）川がカチカチに凍った。

（10）彼はギョーザをきれいに食べてしまった。

例句（7）的「粉みじんに」表示的是「花瓶」打碎后的结果。例句（8）的「白く」表示「フェンス」被涂成的颜色。例句（9）的「カチカチに」表示「川」冰冻之后的状态。例句（10）的「きれいに」表示「ギョーザ」被吃得一个不剩。

也就是说，「包丁で」和「真っ二つに」虽然同时出现在一个句子里，在句法结构中都出现在动词之前，看起来都用来修饰动词，但实际上，它们各自的语义指向不同，都只与动词蕴含义的部分语义发生关系，而不是与动词的所有蕴含义发生关系。

副词修饰动词时，并不是任意的，在很多情况下，要受到一定的制约。有的修饰关系可以成立，有的修饰关系不能成立。比如：

---

[3] 影山（2001）将「包丁で」称做工具副词（道具を表す副詞）。

(11) ×骨董物の花瓶が激しく壊れた。

(12) ×ドアを粉みじんに蹴った。

例句（11）中的「激しく」用来表动作的方式，例句（12）中的「粉みじんに」用来表结果。由于例句（11）的动词「壊れる」不蕴含动作义，只蕴含结果义，因而不能接受用来表动作方式的副词的修饰。例句（12）中的动词「蹴る」不蕴含结果义，只蕴含动作义，因而不能接受用来表结果的副词的修饰。

也就是说，补足语或副词能不能与动词共现，是有规律可循的，即要受到某种规则的制约。这个规则不仅与补足语或副词的语义类型有关，同时也与动词的语义类型有关。

7.2 动作链的语义结构模式

动作链的语义结构模式（行為連鎖による意味構造）是基于动作链（行為の連鎖/action chain）原理的一种语义结构。影山（2001）将其用于日语动词的语义分析，并提出以下模式：

A	B	C
动作	变化	结果状态
（行為）	（変化）	（結果状態）

图7-1 动作链的语义结构模式

一个动词最大可以蕴含3个语义。一个是动作义，一个是变化义，一个是结果状态义。比如，以动词「潰す」为例，如例句（13）所示，这个动词不仅蕴含动作义，同时还蕴含变化义和结果状态义。

(13) 太郎はコーヒー缶を潰した。

「潰す」的动作链的语义结构可以用图7-2来表示。

A	B	C
动作	变化	结果状态
潰す	コーヒー缶が変化	コーヒー缶がある結果状態になる

图7-2 「潰す」的动作链的语义结构

也就是说，施事「太郎」首先对受事「コーヒー缶」实施「潰す」这个动作，受事「コーヒー缶」接受「潰す」这个动作后发生变化，最后受事「コーヒー缶」形成某种结果状态。

因此，「潰す」这类动词不仅可以与表工具、动作方式和手段等成分共现，还可以与表示结果状态的成分共现。比如：

(14) 愛美は手を止めて、すでに満足のいく形になったものを両手で潰した。（YUKANG语料库）

(15) それは細かく潰したひきわり麦と魚の骨のごった煮だった。（YUKANG语料库）

例句（14）中的「両手で」表实施「潰す」这个动作时的工具，用来修饰「潰す」中的动作义。例句（15）中的「細かく」表受事「ひきわり麦」在受到「潰す」这个动作后所形成的结果，用来修饰「潰す」中的结果义。

这个动作链的语义结构模式表示的是一个动词最大能够蕴含的语义范围，并非所有的动词都同时具备ABC这三个语义。有的动词可能只蕴含其中的部分语义。

7.3 补足语和副词的语义类型与动词的语义制约

现在我们来讨论为什么例句（1）「父は包丁でスイカを真っ二つに切った」可以成立，而例句（2）「×父は包丁でスイカを真っ二つに叩いた」不能成立的问题。

前面谈到，这两个例句中的「包丁で」和「真っ二つに」的语义指向是不同的。前者语义指向动作的本身，而后者语义指向动作的结果，即受事变化后的结果状态。

根据语义制约的原理，当动词不蕴含动作义时，是不能接受表工具、动作方式和手段的成分修饰的，同样，当动词不蕴含结果状态义时，是不能接受表结果状态义的成分修饰的。换句话说，只有蕴含动

第 7 章 动作链的语义结构模式与语义模糊性

作义的动词才能与表工具、动作方式和手段的成分共现，只有蕴含结果状态义的动词才能与表结果状态义的成分共现。

例句（1）之所以可以成立，是因为「切る」不仅蕴含动作义，同时还蕴含变化义和结果状态义。因此，它不仅可以接受表工具、动作方式和手段的「包丁で」的修饰，也可以接受表受事结果状态的「真っ二つに」的修饰。

与此相对，例句（2）之所以不能成立，是因为「叩く」只蕴含动作义，不蕴含变化义和结果状态义。因此，它只能接受表工具、动作方式和手段的「包丁で」的修饰，但不能接受表示受事结果状态的「真っ二つに」的修饰。其原理如图7-3和图7-4。

	A 动作	B 变化	C 结果状态
切る	○ 包丁で	○	○ 真っ二つに

图7-3 「包丁で」「真っ二つに」与「切る」的共现条件

	A 动作	B 变化	C 结果状态
叩く	○ 包丁で	×	× ×真っ二つに

图7-4 「真っ二つに」与「叩く」不能共现的原因

汉语"用刀把西瓜敲成两半"之所以可以成立，是因为"敲"与日语「叩く」不同，它不仅可以与修饰动作的成分共现，而且还可以与表结果的补语共现。也许是因为"敲"可以带结果补语，所以汉语为母语的人一般都会认为"敲"可以与表结果义共现。如果不了解日语的「叩く」不蕴含结果状态义，只是一味地用汉语的"敲+结果补语"去对应日语的「叩く」，那么自然就很难理解为什么例句（2）不能成立了。

85

7.4 动词蕴含义的分类

上面我们提到，动作链的语义结构模式表示的是一个动词最大能够蕴含的语义范围，并非所有的动词都同时蕴含"动作""变化""结果状态"三个语义。

如果按照蕴含义的不同，动词可以分为以下7种类型[4]：
① 只蕴含动作义的动词（「叩く」「働く」）。
② 只蕴含变化义的动词（「流れる」）。
③ 只蕴含结果状态义的动词（「欠く」「ある」）。
④ 只蕴含动作义和变化义的动词（「流す」「走る」）。
⑤ 只蕴含变化义和结果状态义的动词（「ふく」「着く」）。
⑥ 只蕴含动作义和结果状态义的动词（「保つ」「いる」）。
⑦ 不仅蕴含动作义，同时还蕴含变化义和结果状态义的动词（「壊す」「登る」）。

上述分类可归纳为表7-1，其中A指动作，B指变化，C指结果状态。

表7-1 他动词和自动词与语义结构模式

	A	B	C	A+B	B+C	A+C	A+B+C
他动词	叩く	×	欠く	流す	ふく	保つ	壊す
自动词	働く	流れる	ある	走る	着く	いる	登る

不过，至于各种类型究竟包含哪些动词，现在还没有结论。而且，如何客观地界定动词的蕴含义也没有一个通用的标准。这些问题都还有待于进一步研究解决。

7.5 同一个动词的语义模糊性

根据动作链的语义结构模式我们至少可以将动词分为上述7种类型。但是，除了不同的动词具有不同的蕴含义外，同一个动词也会同

---

[4] 详见影山（2002）。

时具有几种不同的蕴含义，可以分别包含动作链的不同环节[5]。

影山（2002）举了「引く」的例子来说明这个问题。

（16）力いっぱい綱を<u>引いた</u>。（动作）

（17）町まで荷車を<u>引いた</u>。（动作+变化）

（18）画用紙に直線を<u>引いた</u>。（动作+变化+结果状态）

（19）納豆が糸を<u>引いている</u>。（变化+结果状态）

「引く」在例句（16）中只有动作义。但是，当句中出现表终点的「町まで」共现时，便增加了变化义，如例句（17）。而当句中宾语为结果宾语，又有处所词共现时，「引く」不仅表动作义，同时还表变化义和结果状态义，如（18）所示。可是，在例句（19）中，当主语不表施事，宾语又为结果宾语时，「引く」的动作义消失，只蕴含变化义和结果状态义。

7.6 动词的语义类型与蕴含义

原先给动词分类是为了研究时体，因为动词的类型与时体研究密切相关。之后，除了时体研究之外，动词的分类又广泛地运用于各种句法和语义研究中。

例如，根据动词语义的不同，通常还可以将其分为"动作动词（動作動詞）""接触动词（接触動詞）""打击动词"（打擊動詞）""变化动词（変化動詞）""位移动词（移動動詞）""生产动词（生産動詞）""安装动词（とりつけ動詞）""拆卸动词（とりはずし動詞）""存在动词（存在動詞）""所有动词（所有動詞）""认知动词（認知動詞）""状态动词（状態動詞）""出现动词（出現動詞）""发现动词（発見動詞）""态度动词（態度動詞）""着衣动词（着衣動詞）""心理动词（心理動詞）"等等。

这些动词的分类虽然因人而异，因研究目的而异，但有不少是可

---

[5] 详见影山（2002）。

以帮助我们解析动词蕴含义的。比如"接触动词"和"打击动词"。"接触动词"和"打击动词"指的是「触る」「蹴る」「叩く」这类只用来表示接触受事表面，而不会引起受事变化，也不会致使受事出现某种结果状态的动词。因此，当需要修饰成分共现时，自然只能与动作义有关的修饰成分共现，而不能与动作义无关的修饰成分共现。

再比如"生产动词"。"生产动词"指的是要求结果宾语共现的动词。如：

（20）料理を作る

（21）短編小説を書く

（22）家を建てる

（23）お湯を沸かす

（24）円を描く

（25）鶴を折る

（26）セーターを編む

（27）ご飯を炊く

（28）城壁を築く

（29）袋を縫う

（30）仏像を彫る

（31）ケーキを焼く

（32）穴をあける

（33）井戸を掘る

在这些短语中，宾语用来表动作的结果，即"产品"。当然，这类动词除了结果状态义外，还可以表示动作义。因此，只要语义条件允许，与动作义、结果状态义有关的修饰成分都可以出现在此类句子中。

第 7 章　动作链的语义结构模式与语义模糊性

思考题

[1] 请解释「ドアを粉々にさわった」可否成立，为什么？

[2] 请分析「壊れる」的蕴含义并预测它可以与什么类型的补足语或副词共现。

本章参考文献

［1］奥田靖雄. を格の名詞と動詞とのくみあわせ[M]. 言語学研究会. 日本語文法・連語論(資料編). 東京：むぎ書房，1983.

［2］影山太郎. 日英対照動詞の意味と構文[M]. 東京：大修館書店，2001.

［3］影山太郎. 動詞意味論を超えて[J]. 月刊言語 12. 大修館書店，2002.

第8章

复合动词的类型与语法化

日语的复合动词（複合動詞）指的是由"动词＋动词"构成的动词，通常用"V_1+V_2"来表示。"V_1"指前项动词，"V_2"指后项动词。比如，「持ちあげる」，这个动词由前项动词「持つ」和后项动词「あげる」复合而成。

复合动词有两大类。一类是「V連用形＋V」复合动词，如「押しつぶす」；一类是「Vて＋V」复合动词，如「押してみる」。本书只涉及前者。

汉语中也有复合动词。但与日语复合动词的概念不尽相同，汉语中所说的复合动词主要是指"烧制""阅读"这类动词[1]。而与日语的"V_1+V_2"复合动词相似的，通常指的是汉语里的动补结构。

汉语的动补结构大致可以分为7种类型[2]：

① V＋结果补语（走累了，饿坏了）。

② V＋趋向补语（买来，拿过来，说出来，想起来）。

③ V＋可能补语（进得去，吃不了，动弹不得）。

④ V＋情态补语（辛苦得很，急得不得了，睡得很晚）。

---

[1] 这里只涉及汉语中VV结构的复合动词，不包括NV等结构的复合词。日语中也有与这类汉语复合动词对应的动词，比如「購読する」等。不过，这类复合动词与本章讨论的复合动词不同，所以这里暂且不涉及。

[2] 详见刘月华・潘文娱・故韡（2001）。

⑤ V+程度补语（高兴极了，冷多了）。
⑥ V+数量补语（踢了一脚，去一趟，等一会儿，强许多倍）。
⑦ V+介词短语补语（生于南京，扑向王老师，来自五湖四海）。

汉语的动补结构中的补语并非都与动词有关。与日语"V_1+V_2"复合动词相似的也只有部分"V+结果补语"和部分"V+趋向补语"，其他5种类型中的补语通常都不具动词的特点。

词在使用的过程中，有的时候会出现这么一种现象，具有词汇义的词在使用过程中词汇义逐渐消失，最后只用来表达语法义。比如，「書きあげる」。「あげる」用做动词时，表示将物体从低处移至高处，但在「書きあげる」这类复合动词中，「あげる」表位移义的词汇义已经消失，只用来表达"完成义"。这个"完成义"是时体的小类，时体义属于语法义。

也就是说，「書きあげる」中的「あげる」已经逐渐成为表时体义的一个语法标记。词汇义向语法义转变的过程叫做语法化过程，词汇义变化成语法义叫做语法化（文法化/grammaticalization）。

8.1 具有代表性的前人学说

日语复合动词的前人研究数量众多，其中对复合动词的研究影响较大的主要有武部（1953）、寺村（1969，1984）、姫野（1975，1982，1991，1999）、长岛（1976）、山本（1984）、影山（1993，1996，1999，2001）、松本（1998）、松田（2004）、石井（2007）。

下面我们重点介绍寺村、影山、石井的学说，观察一下各家对复合动词的分类和解释。

8.1.1 寺村的分类和解释

寺村（1969，1984）将复合动词分为4大类：
① V_1+V_2（握りつぶす）。

② $V_1 + v_2$ （降り始める）。
③ $v_1 + V_2$ （差し出す）。
④ $v_1 + v_2$ （払い下げる）。

大写字母的"V"表示语义重心所在，小写字母的"v"表示语义重心不在此处。

在"①$V_1 + V_2$"中，前项动词和后项动词的字母都是大写的V。这表示前项动词和后项动词都具有独立性。语义重心既在前项动词，也在后项动词，两者是并列的关系。也就是说，在「握りつぶす」中，前项动词「握る」和后项动词「つぶす」分别用来表示两个具体的动作，先进行「握る」这个动作后，再进行「つぶす」这个动作。前项动词「握る」和后项动词「つぶす」都有独立性，都是语义的重心。

在"②$V_1 + v_2$"中，前项动词的字母是大写的V，后项动词的字母是小写的v。这表示语义重心在前项动词，而不在后项动词。前项动词用来表示一个具体的动作，具有词汇义，后项动词基本上或已经不用来表示具体的动作，而用来表示某种语法义，接近或已经成为一种语法标记。也就是说，在「降り始める」中，前项动词「降る」具有实词义，用来表示一个具体的行为，后项动词「始める」只用来表动作开始这个语法义[3]。

在"③$v_1 + V_2$"中，前项动词的字母是小写的v，后项动词的字母是大写的V。这表示语义重心不在前项动词，而在后项动词。后项动词用来表示一个具体的动作，具有词汇义，前项动词基本上或已经不用来表示具体的动作，其词汇义已经减弱或消失，接近或已经成为一个前缀。也就是说，在「差し出す」中，后项动词「出す」用来表示一个具体的动作，具有词汇义，前项动词「差す」的连用形「差し」已经不表具体动作，而是用做前缀。

在"④$v_1 + v_2$"中，前项动词和后项动词的字母都是小写的v。这表示前项动词和后项动词都失去了独立性。不过并非是前项动词和后

---

[3] 有的称之为"始動体（開始相）"。

项动词都发生了词缀化或语法化，而是两者复合在一起构成一个与原来动词的语义没有关系的新词。也就是说，在「払い下げる」中，前项动词「払う」和后项动词「下げる」的语义都没有反映出来。既看不到前项动词「払う」原来的语义，也找不到后项动词「下げる」原来的语义。「払い下げる」已经形成了一个新的语义，用来表示「官公庁などが不要になった動産・不動産を民間に売り渡す。（明鏡国語辞典）」。

8.1.2 影山的分类和解释

8.1.2.1 词汇性复合动词与句法性复合动词

影山（1993）将复合动词分为两大类：

① 词汇性复合动词（語彙的複合動詞）。
② 句法性复合动词（統語的複合動詞[4]）。

词汇性复合动词指的是在词汇系统（語彙部門）中形成的复合动词，前项动词和后项动词的复合依据的是词汇关系。比如：

飛び上がる、押し開く、泣き叫ぶ、売り払う、飛び込む、話しかける、飲み歩く、歩き回る、震え上がる、持ち去る

句法性复合动词指的是在句法系统（統語部門）中形成的复合动词，前项动词和后项动词的复合依据的是语法关系。比如：

払い終える、話し終わる、しゃべり続ける、食べ過ぎる、食べ損なう、助け合う、動き出す、食べかける、しゃべりまくる、走りぬく、数え直す、見なれる、登り切る、やりつける

8.1.2.2 词汇性复合动词中V_1和V_2的语义关系

影山（1993）指出词汇性复合动词中的V_1和V_2之间的语义关系有3种：

① 并列关系（並列関係）。

---

[4] 日语的「統語」翻译成汉语时，可以有很多说法。常见的有"句法""语法""文法"等。本书根据需要有的时候用"句法"来表达，有的时候用"语法"来表达。

② 右侧为主的关系（右側主要部の関係）。

③ 句法关系（補文関係）。

"并列关系"指的是「食べ物と飲物[5]」这类关系，"右侧为主的关系"指的是「白い花」和「美しく咲く」这类关系，"句法关系"指的是「［手紙を出し］忘れる」这类关系。

在复合动词中，「思い描く」「思い煩う」「泣き叫ぶ」为"并列关系"，「買いたたく」「待ち構える」「でっち上げる」「差し押さえる」为"右侧为主的关系"，「歌い上げる」「洗い上げる」「染め上げる」「勤め上げる」「おびえ上がる」「震え上がる」「腫れ上がる」为"句法关系"。

"句法关系"似乎不太容易理解，这里略作一些解释。实际上，"句法关系"指的是前项动词与后项动词是依据一种句法关系复合而成的（影山1993：99）。比如，「売れ残る」这个复合动词所要表达的是「売れることが残る」这个意思，「売り急ぐ」这个复合动词所要表达的是「売ることを急ぐ」这个意思，这种复合方式与并列关系和右侧为主关系的复合方式完全不同，前项动词实际上是后项动词句中的短语成分，这个短语成分或以主语的身份，或以宾语的身份，或以其他的身份与后项动词复合。所以，这种复合关系称做"句法关系"。

8.1.2.3 复合动词中的他动性和谐原则

V_1和V_2能否复合成一个动词，不是随意的。也就是说，不是随便找来两个动词就可以复合成一个动词的。

影山（1993）认为两个动词能否复合在一起要遵循"他动性和谐原则（他動性調和の原則）"。凡是违反这个原则者，通常不能成立。这个原则依据的是动词语义支配论元的规则。

根据"他动性和谐原则"，当V_1与V_2为如下关系时，两个动词可以复合成一个动词。

① 他动词＋他动词。

---

[5] 下线为作者添加。下同。

買い取る、追い払う、書き抜く、蹴り倒す、叩き落とす、吹き消す、掘り起こす、切り崩す、開け放す、押し潰す、呼び止める、吐き散らす
② 非作格自动词+非作格自动词。
立ち寄る、飛び降りる
③ 他动词+非作格自动词。
探し回る、嘆き暮らす、待ち構える
④ 非作格自动词+他动词。
乗り換える、住み替える、競り落とす
⑤ 非宾格自动词+非宾格自动词。
転がり落ちる、立ち並ぶ、生まれかわる、張り裂ける、鳴り響く、立ちすくむ

以上复合动词的共通之处在于V_1与V_2所支配的论元相同。比如,"他动词+他动词"通常都要求施事用做主语,受事用做宾语;"非作格自动词+非作格自动词""他动词+非作格自动词"以及"非作格自动词+他动词"通常都要求施事用做主语;"非宾格自动词+非宾格自动词"通常都要求受事用做主语。

但是,当V_1与V_2所支配的论元不同时,通常是不能复合成一个动词的。

⑥ ×非宾格自动词+他动词。
×揺れ落とす、×売れ飛ばす
⑦ ×非作格自动词+非宾格自动词。
×泣きはれる、×走りころぶ、×跳び落ちる
⑧ ×非宾格自动词+非作格自动词。
×倒れ暮らす、×落ち回る、×崩れ降りる

比如,在"×非宾格自动词+他动词"中,非宾格自动词通常要求受事用做主语,而他动词通常不要求受事用做主语,而要求施事用做主语。这就出现了论元共现的矛盾,所以,通常两者是很难复合在

一起的[6]。

8.1.2.4 句法性复合动词中V_1和V_2的语义关系

词汇性复合动词中V_1和V_2具有3种语义关系。但是，句法性复合动词中V_1和V_2之间的关系只有一种：句法关系（補文関係）。

"句法关系"在词汇性复合动词和句法性复合动词中都可以观察到，两者相互关联。但各自的来源不同，词汇性复合动词指的是在词汇系统中形成的复合动词，句法性复合动词指的是在句法系统中形成的复合动词。

为什么句法性复合动词只有"句法关系"这一种关系呢?这是因为在句法性复合动词中，V_1与V_2的复合属于非编入项（非編入項）接受编入项（編入項）的词汇支配（語彙統率）的复合方式。非编入项指的是前项动词，编入项指的是后项动词，即前项动词要接受后项动词的支配。

可以构成句法性复合动词的后项动词常见的有如下几种：

① 表开始（始動）。
  墜落しかける、印刷しだす、到着し始める
② 表持续（継続）。
  演説しまくる、演奏し続ける
③ 表完成（完了）。
  演奏し終える、到着し終わる、調査し尽くす、困惑しきる、黙秘し通す、考察し抜く
④ 表未遂（未遂）。
  見物しそこなう、印刷し損じる、見物しそびれる、受諾しかねる、返事し遅れる、投函し忘れる、印刷し残す、目測し誤る、返事しあぐねる
⑤ 表过剩行为（過剰行為）。
  執着しすぎる

---

[6] 关于这个原则存在不同的看法。详见松本（1998）。

⑥ 表再次尝试（再試行）。
   演奏し<u>直す</u>
⑦ 表习惯（習慣）。
   運転し<u>つける</u>、運転し<u>慣れる</u>、演奏し<u>飽きる</u>
⑧ 表互动行为（相互行為）。
   非難し<u>合う</u>
⑨ 表可能（可能）。
   発生し<u>得る</u>

8.1.3 石井的分类和解释

石井（2007）根据前项动词与后项动词的关系，将复合动词分为3大类：

① 复合结构（複合構造）：前项与后项都具有明确的词汇义。
② 派生结构（派生構造）：前项或后项的动词的语义虚化，从属于另一项动词。
③ 熟语结构（熟合構造）：前项和后项的动词义模糊或不能分化。

如果将石井的分类与寺村的分类相比较，石井的复合结构相当于寺村的"①$V_1 + V_2$"，派生结构相当于"②$V_1 + v_2$"和"③$v_1 + V_2$"，熟语结构相当于"④$v_1 + v_2$"。在复合结构、派生结构、熟语结构中，还存在各种不同的小类。下面我们就来观察一下各个小类的具体情况。

8.1.3.1 复合结构

复合结构可以分为两个小类：

① 过程结果结构（過程結果構造）。
② 非过程结果结构（非過程結果構造）。

其中，"过程结果结构"还可以再分为3个小类：

① 他动型过程结果结构（他動の過程結果構造）。
   洗い流す、押し倒す、開け広げる

② 自动型过程结果结构（自動的過程結果構造）。
   駆け寄る、踊り疲れる、浮き上がる
③ 反身型过程结果结构（再帰的過程結果構造）。
   言い逃れる、切り込む、受け入れる

"非过程结果结构"可以分为两个小类：

① 限定结构（限定構造）。
② 并列结构（並列構造）。

其中，"限定结构"还可以再分为两个小类：

① 方式限定结构（様態限定構造）。
   すすり泣く、言い争う
② 状态限定结构（状態限定構造）。
   持ち歩く、持ち帰る

"并列结构"还可以再分为两个小类：

① 先后顺序型并列结构（継起的並列構造）。
   生まれ育つ、使い捨てる
② 非先后顺序型并列结构（非継起的並列構造）。
   忌み嫌う、飢え乾く

复合结构中的各个小类的关系可以如图8-1所示。

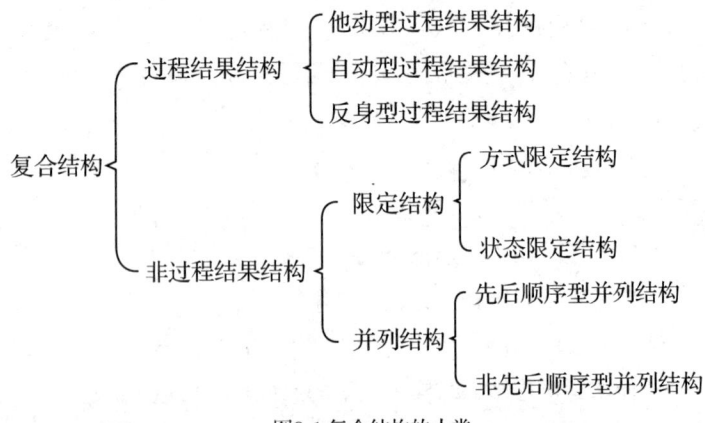

图8-1 复合结构的小类

8.1.3.2 派生结构

派生结构可以分为两个小类：
① 词汇型派生结构（語彙の派生構造）。
② 语法型派生结构（文法の派生構造）。

其中，"词汇型派生结构"还可以再分为两个小类：
① 词汇型前缀结构（語彙接頭辞構造）。
　　押し隠す、ぶち壊す
② 词汇型后缀结构（語彙接尾辞構造）。
　　鍛え上げる、冷え込む

"语法型派生结构"指的是"语法型后缀结构（文法接尾辞構造）"，如「染め上げる」「使い切る」。

派生结构中的各个小类的关系可以如图8-2所示。

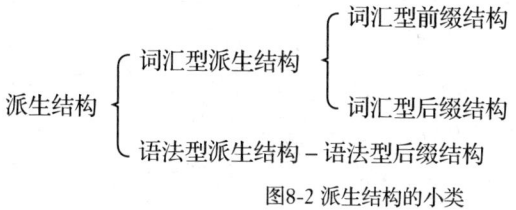

图8-2 派生结构的小类

8.1.3.3 熟语结构

熟语结构可以分为两个小类：
① 完全型熟语结构（完全熟合構造）。
　　立て替える、付き合う、成り立つ
② 不完全型熟语结构（不完全熟合構造）。
　　し送る、受け付ける、出掛ける

熟语结构中的小类可以如图8-3所示。

熟语结构 { 完全型熟语结构 / 不完全型熟语结构

图8-3 熟语结构的小类

8.2 复合动词的语法化问题

我们这里所说的语法化，指的是狭义的语法化。即指的是具有词汇义的词在使用过程中词汇义逐渐消失，最后只用来表达语法义的现象。一个词由词汇义转变为语法义时，存在不同的类型。比如：

① 完全失去了词汇义，只用来充当语法标记，表示语法义。
② 前景义为语法义，但背景义中蕴含词汇义。只要有足够的语境提示，蕴含的词汇义是可以激活的。
③ 前景义为词汇义，但背景义中蕴含语法义。只要有足够的语境提示，蕴含的语法义是可以激活的。
④ 词汇义和语法义共存于前景义中。无需语境提示，词汇义和语法义是都可以同时激活的。

复合动词的语法化，有两种现象。一种是前项动词的语法化，一种是后项动词的语法化。前项动词语法化通常指前缀化，由于能产性不如后项动词，所以，在谈复合动词的语法化时，多指后项动词的语法化。

复合动词的语义研究也证明，后项动词具备两大功能，一个是词汇功能，即基本保持动词的词汇义，一个是语法功能，即丧失动词的词汇义，只用来表示某种语法义（比如宫岛1972、长岛1976、1979、姬野1976、1999、田边1983、山本1984、寺村1984、影山1993、1999、松本1997、1998、松田2004、由本2005、石井2007等）。

词汇义将根据后项动词的具体动词义来决定，而语法义无论后项动词为何种动词，其大多数都与表时态义有关（姬野1976、1999、

第 8 章　复合动词的类型与语法化

影山1993，1999、今泉·郡司2002、由本2005、石井2007等）。

后项动词虽然可以语法化，但并不是所有的动词都能语法化的。只有词汇义里蕴含终结或结果义等语义的动词才具备语法化的可能性。比如：

（1）V潰す

（2）V使う

例句（1）和（2）中的后项动词用来表示具体的动作，既不蕴含终结义，有时也不蕴含结果义。因此，这类后项动词通常是不太容易语法化的。与此相比，例句（3）和（4）就不同了。

（3）Vあげる

（4）Vつく

后项动词「あげる」和「つく」除了可以表示具体的动作或行为外，还蕴含终结义和结果义。因此，这些动词很容易语法化。比如：

（5）刈りあげる

例句（5）有两个意思，一个是"从下往上理发"，一个是"发已经理好了"。现在，前者的语义需要语境的帮助才能激活，而后者的语义无需语境的帮助就可以首先激活。这是由于后项动词「あげる」蕴含终结义和结果义，而这个语义已经成为前景义的缘故。

另外，后项动词是否容易语法化，还会受前项动词语义的制约。比如：

（6）持ちあげる、釣りあげる、押しあげる

（7）書きあげる、たたきあげる、仕上げる

例句（6）中的前项动词用来表位移义，此时，后项动词比较容易激活位移义[7]。与此相比，例句（7）中的前项动词不表位移义，此时，后项动词通常首先激活的不是位移义，而是终结义或结果义。只有在提示足够的语境的情况下，例句（6）的后项动词才会表终结义或结果义，例句（7）的后项动词才会表位移义[8]。

---

[7] 当然也同时蕴含终结义或结果义。

[8] 可参见于康（2009）。

思考题:
[1] 请举例说明寺村秀夫的复合动词4分类。
[2] 请举例说明影山太郎的他动性和谐原则。

本章参考文献

[1] 石井正彦. 現代日本語の複合語形成論[M]. 東京：ひつじ書房，2007.

[2] 影山太郎. 文法と語形成[M]. 東京：ひつじ書房，1993.

[3] 影山太郎. 形態論と意味[M]. 東京：くろしお出版，1999.

[4] 影山太郎. 日英対照動詞の意味と構文[M]. 東京：大修館書店，2001.

[5] 武部良明. 複合動詞における補助動詞的要素について[M]. 金田一博士古稀記念言語民俗論叢. 東京：三省堂，1953.

[6] 寺村秀夫. 活用語尾・助動詞・補助動詞とアスペクト(その一) [J]. 日本語・日本文化1. 大阪外国語大学，1969.

[7] 寺村秀夫. 日本語のシンタクスと意味Ⅱ[M]. 東京：くろしお出版，1984.

[8] 長嶋善郎. 複合動詞の構造. 日本語講座4日本語の語彙と表現[J]. 大修館書店，1976.

[9] 姫野昌子. 複合動詞「～つく」と「～つける」[J]. 日本語学校論集2. 東京外国語大学附属日本語学校，1975.

[10] 姫野昌子. 複合動詞の「～あがる」、「あげる」および下降を表す複合動詞類[J]. 日本語学校論集3. 東京外国語大学外国語学部附属日本語学校，1976.

[11] 姫野昌子. 対称関係を表す複合動詞：「～あう」と「～あわせ

る」をめぐって[J]. 日本語学校論集9. 東京外国語大学附属日本語学校，1982.

[12] 姫野昌子. 複合動詞について[J]. 月刊日本語11. アルク，1991.

[13] 姫野昌子. 複合動詞の構造と意味用法[M]. 東京：ひつじ書房，1999.

[14] 松田文子. 日本語複合動詞の習得研究—認知意味論による意味分析を通して—[M]. 東京：ひつじ書房，2004.

[15] 松本曜. 東京日本語の語彙的複合動詞における動詞の組み合わせ[J]. 言語研究114，1998.

[16] 宮島達夫. 動詞の意味・用法の記述的研究[M]. 東京：秀英出版，1972.

[17] 山本清隆. 複合動詞の格支配[J]. 都大論究21，1984.

[18] 由本陽子. 複合動詞・派生動詞の意味と統語—モジュール形態論から見た日英語の動詞形成—[M]. 東京：ひつじ書房，2005.

[19] 于康. "V上"中"上"的义项分类与语义扩展机制[J]. 言語と文化第9号. 関西学院大学言語教育研究センター，2006a.

[20] 于康. "V下"的语义扩展与结果义[J]. 中国語の補語. 白帝社，2006b. (以同名收录于日本现代汉语语法研究论文选集. 北京语言大学，2007.)

[21] 于康. 复合动词位移义与完成义的选择—以「Vあげる」为例—[J]. 北京大学外国语学院外国语言学及应用语言学研究所. 语言学研究第7辑. 高等教育出版社，2009.

[22] 于康. "受事位移+受事位移"的共现条件与语义选择—以「とりあげる」为例—[J]. 日语研究 第7辑. 商务印书馆，2009.

[23] 刘月华，潘文娱，故韡. 实用现代汉语语法・增订本[M]. 北京：商务印书馆，2001.

第9章

副词性修饰成分与语义指向

他动词谓语句中的基本构成成分是主语、宾语（包括直接宾语和间接宾语）和动词；自动词谓语句中的基本构成成分是主语和动词；形容词谓语句中的基本构成成分是主语和形容词。但是，仅靠基本构成成分只能完成一个信息量有限的基础句子，如果需要添加信息量时，就需要在这些基本构成成分的基础上，增添一些内容。

给句子增添内容有3种方式：

① 给NP增添内容。

② 给VP或AP[1]增添内容。

③ 给副词性修饰成分增添内容。

增添内容的成分通常称做修饰成分，被增添内容的成分通常称做被修饰成分。修饰成分在句中有两个位置。一个是位于被修饰成分之前，一个是位于被修饰成分之后。

当修饰成分位于被修饰成分之前时，凡是用来修饰NP的，汉语称做"定语"，日语过去称做"连体修饰语（連体修飾語）"，现在称做"名词性修饰成分（名詞修飾成分）"。凡是用来修饰VP或AP的，汉语称做"状语"，日语分为两类，一类称做补足语[2]，一类称

---

[1] AP包括形容词和形容动词。日语把动词、形容词和形容动词称做"用言（用言）"。

[2] 补足语指的是在句中用来充当论元的成分，以格助词做标记。比如，「Nが」「Nを」「Nで」「Nに」「Nから」「Nまで」「Nより」等。

作连用修饰语（連用修飾語）。有的学者指出"连用修饰语"中包括补足语，为了有别于补足语，应该称做"副词性修饰成分（副詞的修飾成分）"。

修饰成分位于被修饰成分之后在汉语里十分发达，汉语通常将其称做"动补结构"。而日语除了一部分复合动词与汉语的动补结构相似外，没有类同的说法。

从严格意义上来讲，"副词"是词类的概念，即给词进行分类时所使用的概念，而"副词性修饰成分"是句法上的概念。因此，在词类上归属于"副词"的词未必都只能修饰VP，同样，在词类上不归属于"副词"的词也未必不能用来修饰VP。与此相对，"副词性修饰成分"指的是在句中用来修饰VP的成分，无论在词的分类上归属于哪一类词，只要在句中用来修饰VP，就都可以称做"副词性修饰成分"。

现在的学术论文或著作中，有的并没有严格地区分这两个不同的术语，所以，有的时候文中的"副词"相当于"副词性修饰成分"。这有两个原因，一个是因为"副词"在大多数情况下指的是用来修饰VP的词类，为了避免行文上的繁杂，故而用"副词"统一表示，另一个是习惯上的沿用。鉴于这种现状，本书在涉及副词问题时，特别是在涉及前人研究的时候，有时也会使用"副词"这个术语。

副词性修饰成分的研究是一个争议最多，观点最难统一的课题。观察副词性修饰成分的研究现状，至少存在以下5个需要解决的课题：

① 副词性修饰成分的界定。
② 副词性修饰成分的分类。
③ 副词性修饰成分表义功能的模糊性。
④ 副词性修饰成分的语义指向。
⑤ 副词性修饰成分之间的共现顺序。

9.1 副词性修饰成分的界定

什么样的成分才能界定为副词性修饰成分，以什么标准来界定副词性修饰成分，关于这两个问题，目前也只有一个笼统的说法。通常认为凡是在句中不用做论元，只用来修饰VP或AP的成分均可以称做副词性修饰成分。

有些名词、数量词等也可以用来修饰VP或AP。比如，「多数」这个词在词典里通常被界定为名词，但也可以用来修饰动词。

（1）結果ページに悪質サイトが<u>多数</u>表示されるという。（YUKANG语料库）

（2）トラブルが<u>多数</u>報告されている。（YUKANG语料库）

在这两个例句中，「多数」置于动词之前，用来修饰动词，因此句法功能上相当于副词性修饰成分。不过，这里的"修饰"指的是句法上的功能，而不是实际的语义指向。在这两个例句中，「多数」的语义指向通常理解为指向主语，用来表示「悪質サイト」和「トラブル」的量，而不是动作的量。与日语相反，汉语表数量的名词通常需要置于名词之前，直接修饰名词，而不是动词。

也就是说，副词性修饰成分可以分为两种，一种由词汇分类上的副词来充当，一种是由词汇分类上的其他词来充当。词汇分类上的副词本来就是用来修饰VP或AP的，除了极少数外，通常这类副词不会转为他用，也无需借助其他成分的帮助来实现其在句中所承担的句法功能。但是，词汇分类上的其他词本来就不是用来修饰VP或AP的，因此，有的需要借助其他成分的帮助才能具备副词性修饰成分的句法功能。

形容词的连用形并非绝对都能用做副词性修饰成分的，名词用做副词性修饰成分时也不是十分自由的，短语构成副词性修饰成分时也要受到很多的限制。那么，究竟形容词、名词或短语在什么条件下才可以用做副词性修饰成分，在什么条件下不能用做副词性修饰成分，

这些问题还都有待于进一步研究。

另外，副词性修饰成分除了可以修饰VP或AP外，还可以用来修饰其他副词性修饰成分。比如，「<u>もっと</u>ゆっくり話してください」。副词性修饰成分修饰其他副词性修饰成分时会受到何种制约，这些问题也都还没有一个明确的答案。

9.2 副词性修饰成分的分类

给副词性修饰成分分类时，有两个角度。一个是从句法角度进行分类，另一个是从语义角度进行分类。

从句法角度的分类指的是根据副词性修饰成分在句中的句法功能来给副词性修饰成分分类，从语义角度的分类指的是根据副词性修饰成分在句中的表义功能来给副词性修饰成分分类。

9.2.1 山田的定义和分类

山田（1936）将当时定义为副词、接续词和感叹词这三类词统称为副词。山田认为他所说的副词在性质和语义上都与当时的前人研究不同，指的是没有词形变化，不直接构成句子的骨干，既不用做呼格主格，也不用做谓语，总是位于被修饰词句之前，依附其他独立词而存在，在语义和用法上都属于次要地位的词。

山田将副词分为5大类：

① 接续副词（接続副詞）。
② 感叹应答副词（感応副詞）。
③ 陈述副词（陳述副詞）[3]。
④ 状态副词（情態副詞）。
⑤ 程度副词（程度副詞）。

接续副词指的是通常被称做接续词的词。根据用法可以分为两

---

[3] "陈述副词"也许汉语用"语气副词"表达更为贴切。但由于汉语语气副词的界定与日语的"陈述副词"的界定还存在很大的差距，故而只能直译了。

类。一类位于词与词之间，连接前后两个词，比如，「建築及び器具の料」「山又山」「狭くして且つ陋なり」中的画线部分。一类位于句首，承前句句义并诱发后句句义。比如，「もつとも、是非にと…」[4]「そもそも、吾朝に…」「但し、婦人はこの限りにあらず」中的画线部分。

感叹应答副词指的是用来表达感叹和应答承诺的词。根据用法可以分为两类。一类表惊愕和嗟叹等感情，比如，「あゝわが思ひは足り、…」「あら面白の歌や」中的画线部分。一类表劝诱招呼应答等，偏向表意志，比如，「いで目にものみせてくれむ」「やよやまて、山ほとゝぎすことづてむ」「すはや敵こそせめきたれ」中的画线部分。

状态副词指的是用来表达自身的属性，同时又可修饰属性的词。状态副词从语义上讲，有的类似形容词。比如，「あたゝか、あきらか、なめらか、にこやか、はるか、からから、さわさわ、さらり、すらり、奇異、自然、活溌、偉大、高尚、滑稽」等。

程度副词指的是专门用来表示其他成分的属性，附属于副词或VP或AP用来表达其程度的词。比如，「いと、やや、ただ、甚だ、最も、頗る」等。

陈述副词指的是修饰谓语陈述方式的词，通常要求谓语有一定的呼应形式。而且，与VP或AP实际语义即VP或AP所表示的属性无关，只用来限定谓语中的陈述方式。陈述副词可以分为两类：一类是要求谓语有表断定的方式呼应，一类是要求谓语有表疑惑假定的方式呼应。

当陈述副词要求谓语有表断定的方式呼应时，有5类：

① 要求谓语有表肯定的成分共现的陈述副词。

比如：かならず、もつもと、是非、まさに

---

[4] 当时不用小「っ」来表促音。

② 要求谓语有表否定的成分共现的陈述副词。
   比如：いさ、え、さらさら、つやつや、つゆ
③ 要求谓语有表强调的成分共现的陈述副词。
   比如：いやしくも、さすが
④ 要求谓语有表决心的成分共现的陈述副词。
   比如：是非、所詮
⑤ 要求谓语有表比况的成分共现的陈述副词。
   比如：恰も、さも

当陈述副词要求谓语有表疑惑假定的方式呼应时，有3类。
① 要求谓语有表疑问的成分共现的陈述副词。
   比如：など、なぞ、いかど
② 要求谓语有表推测的成分共现的陈述副词。
   比如：けだし、よも、をさをさ
③ 要求谓语有表假设条件的成分共现的陈述副词。
   比如：たとひ、よし

归纳山田的副词分类，可以用图9-1来表示。

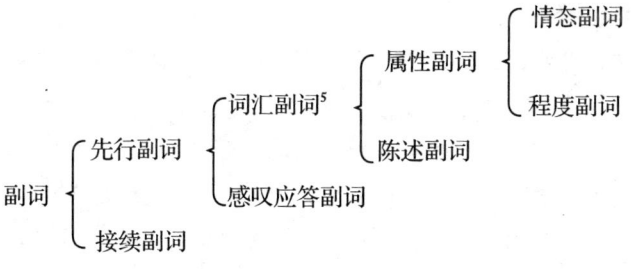

图9-1 山田的副词分类

9.2.2 中右的定义和分类

中右（1980）将副词分为两大类。一类是命题内副词（命题内副词），一类是命题外副词（命题外副词）。

---

[5] 「語の副詞」。

命题内副词是命题构成的一部分，与情态和语气（モダリティ）[6]表达无关。命题外副词是用来表达情态和语气的副词，也称做句副词（文副詞），命题外副词在命题之外以各种方式与命题发生关系。

命题内副词主要可以分为以下5类：

① 时体副词（時・アスペクトの副詞）。

比如：あす、きょう、きのう、一昨日、すでに、もう、まだ、このところ、近年、近いうちに、しばらく、やがて、まもなく

② 处所副词（場所の副詞）。

比如：ここに、あそこで、公園で、谷間に、上空に、屋根一面に

③ 频度副词（頻度の副詞）。

比如：いつも、つねに、しばしば、よく、時折、まれに、始終、ときどき

④ 强调、程度副词（強意・程度の副詞）。

比如：全然、決して、すこし、ちょっと、まったく、ただ、単に、完全に、絶対に、たいへん、たいそう、本当に、非常に、かなり、もっと、最も、はなはだ、なんとなく、きわめて、ほとんど、あえて、あくまで（も）、到底、たとえ、仮に（も）、いかにも

⑤ 行为方式副词（様態の副詞）。

比如：のろのろと、のらりくらり、めらめらと、ゆらゆらと、ゆっくりと、すばやく、ていねいに、用心深く、不用意に、単調に、熱心に、ぎっしり、にっこり、おもむろに

命题外副词主要可以分为以下4类：

① 价值判断副词（価値判断の副詞）。

---

[6] 「モダリティ」是中右首先使用的术语。用汉语表达时，有的人翻译成语气，有的人翻译成情态。实际上，这个术语里面既包含情态，也包含语气。所以，本书用"情态和语气"来表述。

比如：運悪く、あいにく、幸いにも、不幸にして、うれしいことに、妙なことに、驚いたことに、不思議なもので、残念ながら、当然のことながら、お気の毒ですが、信じがたいことだが、悲しいかな

② **真伪判断副词**（真偽判断の副詞）。

比如：おそらく、多分、もちろん、むろん、きっと、必ず、定めし、さぞ、確か、確かに、明らかに、思うに、考えるに、つらつらおもんみるに、疑いもなく、ひょっとして、もしかすると、一見（したところ）、願わくは、わたしの見るところ（では）、わたしの知るかぎり

③ **发话行为副词**（発話行為の副詞）。

比如：ついでながら、ちなみに、要するに、たとえば、率直に言って、本当のところ、つまりは、言わば、言ってみれば、言うなれば、どちらかと言えば、内輪の話だが、話は違いますが、おおっぴらには言えないが、ちょっとお伺いしますが、恐れ入りますが、ものは相談だが、改めて言うまでもなく

④ **领域指定副词**（領域指定の副詞）。

比如：建前としては、表向きは、名目上は、もとを正せば、根本的には、基本的には、理想を言えば、理屈を言えば、原理上、定義上

9.2.3 益冈・田洼的定义和分类

益冈・田洼（1992）在承认修饰谓语与修饰句子是一个连续统的前提下，将副词分为两大类。一类是"谓语修饰副词（述語の修飾語）"，一类是"句修饰副词（文修飾副詞）"。

谓语修饰副词指的是原则上用来修饰谓语成分的词，主要包括以下4类：

① 行为方式副词（様態の副詞）。

② 程度副词（程度の副詞）。
③ 数量副词（量の副詞）。
④ 时体副词（テンス・アスペクトの副詞）。

"行为方式副词"指的是用来表示动作行为方式的副词。比如，「堂々と、いやいや、こわごわ、ぐっすり、ゆっくり、ぼんやり、じっと、ドスンと、すくすく（と）、ザーザー（と）」。

"程度副词"指的是用来表示程度状态的副词。比如，「大変、はなはだ、とても、非常に、極めて、おそろしく、ひどく、ずいぶん、相当、多少、最も、いちばん」。程度副词既可以修饰名词的修饰成分，也可以修饰谓语的修饰成分。比如，在「すこし難しい試験」中，程度副词「すこし」修饰名词的修饰成分「難しい」；在「かなりゆっくり歩く」中，程度副词「かなり」修饰谓语的修饰成分「ゆっくり」。

"数量副词"指的是用来表示与动作相关的事物或人的数量的副词。比如，「たくさん、いっぱい、たっぷり、どっさり」。

"时体副词"指的是用来表示事件发生的时间或事件发生和展开状态的副词。时体副词还可以再分为"时副词"和"体副词"两类。"时副词"指的是用来表示以说话时为基准给事件的时间定位的副词。比如，「かつて、いずれ、いまに、もうすぐ、これから、さきほど、のちほど」。"体副词"指的是用来表示与事件的发生、展开（接近、继续、完成、反复、顺序等）有关的副词。比如，「いまにも、すでに、もう、徐々に、ますます、まだ、ずっと、だんだん、突然、とりあえず、まず、また」。

句修饰副词指的是用来修饰整个句子的词。主要包括以下3类：
① 陈述副词（陳述の副詞）。
② 评价副词（評価の副詞）。
③ 发话副词（発言の副詞）。

"陈述副词"指的是句末与表情态的成分呼应的副词。"陈述副

词"出现在靠近句首的位置，具有预示句末情态义的功能。根据句末的呼应形式，可以分为以下8类：

① 与表疑问的形式呼应。比如：いったい、はたして
② 与表否定的形式呼应。比如：決して、必ずしも、とうてい
③ 与表祈使和命令的形式呼应。比如：ぜひ、なんとか、どうか、どうぞ
④ 与表大概和确定的形式呼应。比如：おそらく、たぶん、まず、きっと、確かに、まさか
⑤ 与表传闻的形式呼应。比如：なんでも
⑥ 与表比况的形式呼应。比如：まるで、あたかも、さも
⑦ 与表感叹的形式呼应。比如：なんと、なんて
⑧ 与表条件和让步的形式呼应。比如：もし、たとえ、万一、かりに、いくら、いかに

"评价副词"指的是用来表示对事件进行评价的副词。比如，「あいにく、さいわい、当然、もちろん、むろん、偶然、たまたま」。

"发话副词"指的是用来表示以什么样的态度发话的副词。比如，「実は、実際（は）、言わば、例えば、要は、概して、総じて」。

除了上述的分类之外，还有一些无法分类的副词。比如，「特に、異に、単に、やはり、せっかく、せめて、さすが」。

9.2.4 仁田的定义和分类

仁田（2002）将一个句子的构成成分分为10类：

① 谓语〈成分〉（述語〈成分〉）。
② 主语〈成分〉（主語〈成分〉）。
③ 补足语〈成分〉（補語〈成分〉）。
④ 状况成分（状況成分）。
⑤ 命题内修饰成分（命題内修飾成分）。
⑥ 情态和语气修饰成分（モダリティ修飾成分）。
⑦ 接续成分（接続成分）。

⑧ 独词句成分（独立成分）。

⑨ 名词修饰成分（規定成分）。

⑩ 并列成分（並列成分）。

其中，"命题内修饰成分"和"情态和语气修饰成分"都以副词为主，因此，仁田将这两类成分统称做"副词性修饰成分（副詞的修飾成分）"。

"命题内修饰成分"指的是从各种各样的角度来修饰和限定事件的附加性成分。比如，「飴色に」「ゆっくりと」「大きく」「幾分」「病院のガーゼみたいに」「たくさん」等。仁田（1993，2009）还称之为"表述事件修饰词（言表事態修飾語）"。

"情态和语气修饰成分"指的是与命题所表示的事件内容无关，用来表达说话人对事件的评价性态度、对事件的认识程度和传递信息的方式。比如，「おもしろいことに」「おそらく」「どうぞ」「ねえ」等。仁田（1993，2009）还称之为"表述态度修饰词（言表態度修飾語）"。

仁田（1993，2009）将命题内修饰成分（表述事件修饰词）分为7大类[7]：

① 结果修饰词（結果の修飾語）。

　　塀がこなごなに崩れている。

　　上着をどろどろに汚してしまった。

② 行为方式修饰词（様態の修飾語）。

　　塀ががらがら崩れている。

③ 语义指向主体的修饰词（主体めあての修飾語）。

　　彼はわざと出て行かない。

④ 程度修饰词（程度性の修飾語）。

　　雪がすごく積もった。

---

[7] 仁田（2002）将副词分为5大类。①结果副词（結果の副詞）、②行为方式副词（様態の副詞）、③程度数量副词（程度量の副詞）、④时间关系副词（時間関係の副詞）、⑤频度副词（頻度の副詞）。

AとBとは全く等価だ。
⑤ 数量修饰词（数量の修飾語）。
  虫が無数にいる。
  洗濯物をたくさん洗った。
⑥ 时间关系修饰词（時間関係の修飾語）。
  彼を一晩中看病した。
⑦ 频度修饰词（頻度の修飾語）。
  しばしば彼女に会った。

"结果修饰词"用来表示主体（主体）和对象（対象）[8]的动作实现后的结果。"行为方式修饰词"用来表示动作实现的方式。"语义指向主体的修饰词"用来表示主体的状态。"程度修饰词"用来表示状态和关系的程度。"数量修饰词"用来规定主体和对象的数量。"时间关系修饰词"用来限定动作的时间关系。"频度修饰词"用来表示事件发生的次数。

仁田（1993，2009）将情态和语气修饰成分（表述态度修饰词）分为4大类：
① 表评价态度（評価的な態度を表したもの）。
  あいにく／残念ながら明日は休みだ。
② 表伴随程度性的推测与对事件的把握方式（程度性を伴った推し量りと言表事態に対する捉え方を表したもの）。
  おそらく明日は晴れるだろう。
③ 表说话人传递信息时的态度方式（話し手の伝達的態度のあり方を表したもの）。
  どうぞこちらへ来てください。
④ 表事件构成要素的把握方式（事態の構成要素の把握のし方を表したもの）。
  たった千人しか集まらなかった。

---

[8] 这里的"主体"和"对象"也许可以理解为出现在主语和宾语位置上的成分。

9.3 副词性修饰成分表义功能的模糊性

　　副词性修饰成分究竟可以分为多少类，从上面的讨论中也可以看出，目前并没有一个统一的说法。

　　（1）帽子を<u>軽く</u>打つ。

　　（2）帽子を<u>軽く</u>作る。

　　在例句（1）和（2）中，「軽く」都是形容词的连用形，而且，两者都置于动词之前用来修饰动词，因此都可以看做副词性修饰成分。

　　但是，这两个「軽く」的表义功能是不同的。例句（1）中的「軽く」表行为方式，意为"轻轻地弹一下帽子"，例句（2）中的「軽く」表结果，意为"做一顶轻的帽子"。也就是说，如果要对例句中「軽く」进行分类，那么，例句（1）的「軽く」属于行为方式副词，而例句（2）的「軽く」属于结果副词。再比如，

　　（3）板前は活け作りを<u>かっこうよく</u>盛りつけた。（矢泽2000）

　　（4）彼は要点を<u>簡単に</u>まとめた。（矢泽2000）

　　例句（3）的「かっこうよく」和例句（4）的「簡単に」的语义都是模糊的。

　　在例句（3）这个句子里，「かっこうよく」不仅可以表结果，表示"生鱼片摆放得很优美"的意思，也可以表行为的方式，表示"摆放生鱼片的动作很优美"的意思。和例句（3）中的「かっこうよく」一样，在例句（4）这个句子里，「簡単に」不仅可以表结果，表示"总结的要点简单明了"的意思，也可以表示行为的方式，表示"很轻松地就将要点总结出来了"的意思。

　　也就是说，在不同的上下文或语境之中，「かっこうよく」和「簡単に」可能会有不同的语义解释，要界定它们究竟属于哪一类副词性修饰成分并非一件易事。如果说这两个修饰成分都属于兼类，那么究竟哪些副词性修饰成分具有这种兼类的功能，还有待于

进一步研究。

9.4 副词性修饰成分的语义指向

下面就以数量副词「たくさん」为例，来讨论一下副词的语义指向问题。数量有两类。一类是事物的量，一类是动作的量。当「たくさん」置于动词之前用做副词性修饰成分时，不仅可以表示事物的量，也可以表示动作的量。比如：

（5）「だって、なんどもパパのお部屋へママとはいったとき、お金をたくさん見たよ」（YUKANG语料库）

（6）つかれるのはたくさん歩いたからです。（YUKANG语料库）

但是，「たくさん」是用来表事物的量，还是用来表动作的量，不是随意的，而是有规律可循的。比如，例句（5）是他动词谓语句，此时，「たくさん」用来表达宾语即受事「お金」的量，而不是动作的量。例句（6）是非作格自动词谓语句，此时，「たくさん」用来表达动作「歩く」的量，而不是事物的量。

关于「たくさん」的语义指向规则，影山（1993：54）做了下述解释[9]。

（7）与他动词共现时，语义指向宾语，即受事。
　　　たくさん飲んだ＝飲んだ量がたくさん
　　　　　　　　　　≠飲んだ人がたくさん
　　　たくさん読んだ＝読んだ量がたくさん
　　　　　　　　　　≠読んだ人がたくさん

（8）与非宾格自动词共现时，语义指向主语，即受事。
　　　たくさん産まれた＝産まれた子供がたくさん
　　　たくさん壊れた＝壊れた物がたくさん

---

[9] 以下行文为作者归纳，并非影山原文。

（9）与非作格自动词共现时，语义指向动作。

たくさん遊んだ＝遊んだ量がたくさん

≠遊んだ人がたくさん

たくさん歩いた＝歩いた量がたくさん

≠歩いた人がたくさん

（7）～（9）的规则可以归纳为表9-1[10]。

表9-1 「たくさん」的语义指向规则

	受事的量	动作的量
他动词	○	×
非宾格自动词	○	×
非作格自动词	×	○

也就是说，「たくさん」通常用来表受事的量，因此，当句子为他动词谓语句时，表受事的成分充当宾语，故而用来表宾语所代表的事物的量，当句子为非宾格自动词句时，表受事的成分充当主语，故而用来表主语所代表的事物的量，而当句子为非作格自动词时，由于句中不存在表受事的成分，故而表动作的量。

不过，「たくさん」与非作格自动词共现时，其语义并非只能指向动作，用来表示动作的量，有的时候也可以指向表施事的主语，用来表示施事的量。比如：

（10）子供がたくさん遊んでいる。＝たくさんの子供が遊んでいる。≠遊んだ量がたくさん

关于这个问题，影山（1993：55）[11]做了如下解释[12]。

（11）「たくさん」与非作格自动词共现时，有时也可以用来表示施事的量。此时，要求动词以「（て）いる」或「（て）いた」的形式出现，「たくさん」用来修饰「いる」。

---

[10] 表9-1为作者归纳，并非影山先生自己制作的表。
[11] 此段文字并非直译，而是根据影山的观点并按照汉语的表述习惯做了一些修改。
[12] 于康提出不同的见解。详见于康（2011）。

9.5 副词性修饰成分之间的共现顺序

尽管副词性修饰成分的分类还没有定论，不过，不同类别的副词性修饰成分同时出现在一个句子中时，哪类先出现，哪类后出现，会遵循一定的顺序原则，而不会是任意和杂乱无章的。

关于这个顺序，仁田（2002）认为离动词最近的是行为方式副词，其次是时间关系副词，频度副词出现在行为方式副词和时间关系副词的外侧，最后出现的是时间状况成分。如果将这个顺序公式化，可以如（12）所示，也可以描写为图9-2[13]。

（12）（时间状况成分（频度副词（时间关系副词（行为方式副词（动词）））））

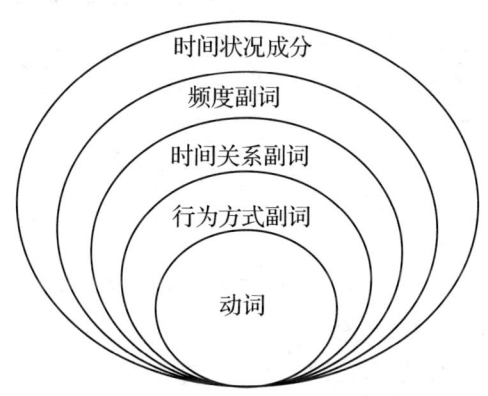

图9-2 副词的出现顺序图解

比如：

（13）あの頃は、私はしばしば私だけの場所でしばしのんびりと自分の疲れを癒した。

在例句（13）中，「あの頃」为时间状况成分，「しばしば」为频度副词，「しばし」为时间关系副词，「のんびりと」为行为方式副词。因此，下面这3种顺序排列通常是不能成立的。

---

[13] 图9-2为作者的理解，并非仁田先生的图解。（14）~（16）的例句也是作者的解释，并非仁田先生的原文。

（14）???あの頃は、私はのんびりとしばしば私だけの場所でしばし自分の疲れを癒した。

（15）???あの頃は、私はしばし私だけの場所でしばしばのんびりと自分の疲れを癒した。

（16）???あの頃は、私はのんびりと私だけの場所でしばししばしば自分の疲れを癒した。

思考題
[1] 请综合前人研究举例说明副词性修饰成分基本上可以分为几类。
[2] 请举例说明制约「たくさん」语义指向的条件。

本章参考文献

［1］影山太郎. 文法と語形成[M]. 東京：ひつじ書房，1993.

［2］岸本秀樹. ベーシック生成文法[M]. 東京：ひつじ書房，2009.

［3］国立国語研究所. 日本語教育指導参考書19 副詞の意味と用法[M]. 東京大蔵省印刷局，1991.

［4］佐治圭三. 日本語の文法の研究[M]. 東京：ひつじ書房，1991.

［5］新川忠.「副詞と動詞のくみあわせ」試論[M]. 言語の研究. 東京：むぎ書房，1979.

［6］佐伯哲夫. 要説日本文の語順[M]. 東京：くろしお出版，1998.

［7］鈴木重幸. 日本語文法・形態論[M]. 東京：むぎ書房，1972.

［8］中右実. 第4章文副詞の比較[M]//国廣哲彌. 日英語比較講座第2巻文法. 東京：大修館書店，1980.

[9] 仁田義雄. 現代語の文法・文法論[M]//工藤浩他. 日本語要説. 東京：ひつじ書房，1993.（2009改訂版）

[10] 仁田義雄. 新日本語文法選書3副詞的表現の諸相[M]. 東京：ひつじ書房，2002.

[11] 野田尚史. 副詞の語順[J]. 日本語教育学会. 日本語教育，52，1984.

[12] 益岡隆志，田窪行則. 第8章副詞[M]. 基礎日本語文法 改訂版. 東京：くろしお出版，1992.

[13] 森田良行. 第6章副詞の意味と文法[M]. 日本語文法の発想. 東京：ひつじ書房，2002.

[14] 矢澤真人. 情態修飾成分の整理—被修飾成分との呼応及び出現位置からの考察—[J]. 筑波大学国語国文学会. 日本語と日本文学，3，1983.

[15] 矢澤真人. 副詞的修飾の諸相[M]//仁田義雄他. 日本語の文法1文の骨格. 東京：岩波書店，2000.

[16] 山田孝雄. 副詞[M]. 日本文法學概論. 神戸：宝文館，1936.

[16] 于康. 名詞の定指示か不定指示と量の副詞の意味指示との関わり—「たくさん」を手がかりに—[C]. 横川教授古希記念論集. 白帝社，2011.

第10章

日语的位移动词与位移句

"位移动词"指的是蕴含物体移动义的动词,而不是指在句中是否可以移动至其他位置的动词。"位移句"指的是由位移动词与位移物共现用来表示物体发生移动的句子。

位移动词还可以进行进一步的分类。小类的命名取决于位移物的句法和语义的特点。句法特点指的是某个成分在句中的语法位置,即用做主语还是用做宾语或其他成分。语义特点指的是某个语法位置上的成分实际所担任的语义角色,即用做施事还是用做受事或其他语义角色。

界定位移现象和位移动词会有各种标准,通过对大量的例句和语言使用事实的调查发现,可以运用以下的标准来界定位移现象和位移动词。

(1) 谁在移动(移动主体)

(2) 怎么移动(移动方式)

10.1 位移动词的分类与定义

说到位移或位移动词,通常指的是主语所表示的物体发生移动,而不是其他语法位置上的成分所表示的物体发生移动。从上野·影山(2001)给位移动词下的定义中也可以证明这一点。

(3) 某个物体发生位移或移动指的是,随着时间的推移该物体

发生位置上的变化。用来表示这个现象的动词称做位移动词（移動動詞 / verbs of motion）。位移动词最典型的是要求表示位移物的主语和表示该位移物的位移路径的空间论元（从哪里、通过哪里、到哪里）共现（p.41）。

这里所说的"表示位移物的主语"有两种情况：

① 表施事的主语。

② 表受事的主语。

（4）<u>お前が行く</u>と空も行くって言うだろーが。（YUKANG语料库）

（5）<u>祥子</u>は慌てて洗面台に<u>走った</u>。（YUKANG语料库）

（6）そして、祥子の<u>手紙が届いた</u>。（YUKANG语料库）

（7）手に<u>汗が流れる</u>。（YUKANG语料库）

（4）中的「お前」、（5）中的「祥子」、（6）中的「手紙」、（7）中的「汗」都是位移物，这些成分在句中都用做主语，句子表示这些位移物离开各自原来所在的位置，位移至新的位置。

但是，如果仔细观察这4个例句可以发现，（4）（5）和（6）（7）中的主语所担任的语义角色不同。（4）和（5）的主语用来表示施事，即表示实际进行「行く」「走る」这些动作的人。与此相反，（6）和（7）中的主语并不表施事，而是用来表受事。「手紙」不是进行「届いた」这个动作的人，「汗」也不是进行「流れる」这个动作的人。「手紙」和「汗」分别是「届いた」和「流れる」所涉及的对象，即送到的是"信"，流的是"汗"。由于动词为非宾格自动词，所以在句法上「手紙」和「汗」只能出现在主语的位置。也就是说位移物可以分为以下两类：

① 表施事的主语 / 位移物（施事）が + 表位移的非作格自动词。

② 表受事的主语 / 位移物（受事）が + 表位移的非宾格自动词。

但是，如果根据"谁在移动"这个标准，除了主语所表示的施事和受事可以用做位移物之外，宾语所表示的受事也是可以用做位移物

的。比如：

（8）大切な家財を2階や棚の上に上げるなどして、着のみ着のまま家を出た。（朝日新聞1987年8月27日夕刊）
（9）婦人は掛け軸を箱に入れ[1]、押し入れに保管していた。
（結合価）

在例句（8）和（9）中，「家財」和「掛け軸」发生了位移，这两个成分在句中用做宾语，要求他动词做谓语，因此，两个例句中的他动词都可以看做位移动词。再比如：

（10）手紙が届く
（11）手紙を届ける
（12）汗が流れる
（13）汗を流す

前人学说都认为（10）和（12）是位移句，「手紙」和「汗」是位移物，「届く」和「流れる」是位移动词。比较（10）和（11）或（12）和（13）这些例句可以发现，（10）和（11）以及（12）和（13）所表述的事件都是相同的。两者所不同的是，（10）和（12）用的是自动词，（11）和（13）用的是他动词。也就是说，在非宾格自动词句中和他动词句中，尽管句法上的出现位置不一样，但「手紙」和「汗」所表示的都是受事。既然「手紙が届く」和「汗が流れる」可以看做位移句，「手紙」和「汗」可以看做位移物，「届く」和「流れる」可以看做位移动词，那么，把「手紙を届ける」和「汗を流す」也看做位移句，把「手紙」和「汗」也看做位移物，把「届ける」和「流す」也看做位移动词应该是顺理成章的。

因此，我们可以根据"谁在移动"这个标准，将位移动词分为两大类：

① 施事位移动词。

---

[1] 松本曜（1997）也将「入れる」看做位移动词。

② 受事位移动词[2]。

"施事位移动词"指的是施事发生位移的动词，施事在句中通常出现在主语的位置上。"受事位移动词"指的是受事发生位移的动词，受事在句中可以出现在两个位置上，一个是主语的位置，一个是宾语的位置。即：

① 施事位移动词。

  表施事的主语が + 非作格自动词

② 受事位移动词。

  a. 表受事的主语が + 非宾格自动词

  b. 表受事的宾语を + 他动词

这里有一点需要说明的是，施事与受事现在还只是一种暂时的概念，并不存在一个公认的和严格的界定标准。一个相同的动词，出现在该动词句主语位置上的语义角色有的时候可以很容易地界定为施事，有的时候却很难界定。比如，以「走る」为例。

（14）私、自分で走るって。（YUKANG语料库）

（15）車は通行できない道を海沿いに走ることができる。
   （YUKANG语料库）

（16）右目に鋭い痛みが走った。（YUKANG语料库）

例句（14）中的位移物是「私」，「私」是「走る」的施事。与此相比，例句（15）中的「車」和（16）中的「痛み」也都可以看做位移物，但是否能把「車」和「痛み」都看做「走る」的施事就不是一件易事了。根据换喻的原理，也许（15）中的「車」可以看做施事，但（16）中的「痛み」显然就不太容易理解为施事了[3]。

综上所述，我们可以将位移物位移与位移动词做如下规定：

（17）凡是施事或受事所表示的物体或事物改变或离开原来所在的位置并移动至新的位置时，皆可看做位移物发生了位

---

[2] 详见于康（2006a）和于康（2006b）。
[3] 袁毓林（2002）将主语位置上用来表示性质、状态或变化性事件的主体称做"主事"。

移。凡是蕴含和表现位移物改变或离开原来所在的位置并移动至新的位置义的动词就可以看做位移动词。

10.2 位移物位移的分类

位移物位移的类型可以分为两大类。一类是整体位移，一类是部分位移。

"整体位移"指的是位移物整体改变或离开原来所在的位置，移动至新的位置。"部分位移"指的是位移物的一部分改变或离开原来所在的位置，移动至新的位置。比如，以受事位移为例。

（18）いまはもう一度倫敦出帆へ逆行して、あらためて錨を上げる。（YUKANG语料库）

（19）23歳の青年が、大歓声に包まれた。両手を上げて応えたフェルプスの目から、涙がにじむ。（朝日新聞2008年8月18日朝刊）

例句（18）中的「錨」是位移物，这个位移物从原来所在的位置整体位移至新的位置，以便"拔锚起航"，这里的动词「上げる」表示受事整体发生了位移。

例句（19）中的「両手」也是位移物，这个位移物与（18）中的「錨」不同，是身体的一部分，无法从身体中分割出去。从原来的位置位移至新的位置的不是整个手，而是手的前端部分。因此，「両手を上げる」属于部分位移，而不是整体位移。

为了便于理解整体位移和部分位移这两个概念，我们还可以举一些汉语的例子。比如：

（20）她揉揉眼睛茫然地笑了一下，快步跑下了山冈。（YUKANG语料库）

（21）奶奶走到她眼前时，她忽然蹲下身，双手紧紧地捂住裤腰带尖声叫起来。（YUKANG语料库）

（22）曹县长摘下礼帽，用中指挑着，摇了几圈，又戴到头上。
（YUKANG语料库）

"V下"在汉语里称做动补结构，即"动词+趋向补语"结构。例句（20）中的"跑下"的位移物是"她"，表示"她"离开原来的所在位置，发生了整体位移。例句（21）中的"蹲下"的位移物是"她"的"身"，表示的不是"她"离开原来所在的位置，而是"她"的身体发生了位置变化或姿态变化，从"站立"的位置或姿态变成了"蹲"的位置或姿态。"她"的脚是原地不动的，但膝盖以上部位的高度发生了变化，即产生了位移。例句（22）中的"摘下"的位移物不是施事"曹县长"，而是表受事的"礼帽"，表示"礼帽"离开原来的所在位置，发生了整体位移。也就是说，例句（20）是施事整体位移，例句（21）是施事或受事[4]部分位移，例句（22）是受事整体位移。

10.3 位移与变化的模糊性

"位移"指的是位移物改变或离开原来所在的位置，位移至新的位置。这里的位移也可以解释为位置的变化。变化的定义似乎要比位移更加宽泛。不仅可以表示物理性的变化，也可以表示抽象性的变化。

当然，也可以对"位移"和"变化"做一些限制。比如，以"谁在移动"为标准，凡是物体或事物改变或离开原来所在的位置并位移至新的位置者便可以看做"位移"，凡是物体或事物不改变或离开原来所在的位置并位移至新的位置，只是在原来的所在位置发生状态性的变化者便可以看做"变化"。

不过，即使如此规定"位移"和"变化"，依旧不能消除"位移"和"变化"的模糊性。

---

[4] "她蹲下"是施事"她"发生了位移，而在"蹲下身"中，发生位移的应该是"身"，所以，"她蹲下身"可以理解为施事和受事都发生了位移。

比如，"物体或事物改变或离开原来所在的位置"这个表述中的"位置"实际上可以有两种解释：

① 物理性的位置。
② 抽象性的位置。

"物理性的位置"指的是位移物从A处所位移至B处所时的A处所的位置，"抽象性的位置"指的是如气温从A温度变化为B温度时的A温度的位置[5]。

物理性的位移直观性强，容易理解为"位移"，而抽象性的位移直观性弱，与变化相关联，比较容易理解为"变化"。位移与变化这两个概念都存在典型的事例，也存在非典型的事例。位移的典型事例与变化的典型事例是很容易界定的，但其非典型事例就很难界定了。位移的非典型事例有的时候可以看做变化，变化的非典型事例有的时候可以看做位移。

位移与变化的模糊性表现在两个方面：

① 概念上的模糊性。
② 词汇上的模糊性。

"概念上的模糊性"指的是有的现象既可以看做位移，也可以看做变化，很难找到一个十分清晰的界定标准。比如：

（23）顔を上げると、兵藤氏の声が飛んできた。（YUKANG语料库）

（24）妻は新聞の職業欄から目を上げると、だしぬけにそんなことをいい出した。（YUKANG语料库）

（25）私は上り框から腰を上げることができなかった。（YUKANG语料库）

例句（23）～（25）中的「顔を」「目を」「腰を」都是位移物，但是，它们与「上げる」共现时，表示的不是整体位移，而是部

---

[5] 比如，「部長に昇進した」「70％に伸びた」之类的社会地位、数量的变化等也可以归入此类。

分位移。

　　不过，这个"部分位移"的界定实际上是模糊的。因为，"部分位移"也可以看做一种"变化"。比如，例句中的「顔を上げる」「目を上げる」「腰を上げる」也可以看做在不离开身体的前提下所发生的姿态上的某种"变化"。也就是说，部分位移与变化相关联，与变化形成语义连续统。这种现象既可以看做"位移"，也可以看做"变化"。

　　"词汇上的模糊性"指的是同一个动词有的时候用做表位移，有的时候用做表变化。比如：

（26）笑い飛ばす俺をよそに、ライフジャケットを着込み、<u>ファスナーを上げる</u>山崎主任の話は続く。（YUKANG语料库）

（27）多恵子は<u>眉を上げる</u>と、反論しようと口を開けかけた。（YUKANG语料库）

（28）少しスピーカーの<u>ボリュームを上げる</u>。（YUKANG语料库）

（26）～（28）中使用的动词都是「上げる」，但各自的语义功能不同。（26）的「ファスナーを上げる」用来表示受事整体位移，（27）的「眉を上げる」用来表示受事部分位移，这种位移也可以看做身体部分发生变化。与（26）和（27）相比，（28）中的「ボリュームを上げる」最容易理解为用来表示受事的变化。不过这种受事变化也可以看做一种抽象性的位移。即表示"音量"改变或离开低音量位置，位移至新的音量的位置。

10.4　趋向位移动词与移动方式位移动词[6]

　　施事或受事用做主语时，位移动词还可以分两类。一类是趋向位移动词（有方向移動動詞／verbs of inherently directed motion），一

---

[6] 详见上野・影山（2001），例句也来自该文献。

类是移动方式位移动词（移動樣態動詞／verbs of manner of motion）。

"趋向位移动词"指的是动词语义里蕴含动作方向的动词。比如：

（29）移る、進む、行く、来る、着く、至る、届く、向かう、寄る、近づく、近寄る、迫る、入る、上がる、登る、下がる、降りる、下る、落ちる、戻る、帰る、遡る、退く、遠ざかる、遠のく、後ずさる、曲がる、出る、発つ、離れる、去る、抜ける、逃げる、逃れる、ずらかる、訪れる、訪ねる、目指す、通る、たどる、過ぎる、渡る、横切る、超える、超す、めぐる、（コースを）回る

根据动词是否蕴含"有界"或"无界"义，还可以将趋向位移动词再分为两类。一类是有界趋向位移动词（有界的な有方向移動動詞），一类是无界趋向位移动词（非有界的な有方向移動動詞）。

"有界"指的是动词所表示的动作在时间轴上有一个起始点和一个终止点。"无界"指的是动词所表示的动作在时间轴上没有起始点和终止点，或只有起始点没有终止点[7]。在语法上，"无界"动词具有持续性，而"有界"动词不具持续性。

但是，将趋向位移动词分为有界趋向位移动词和无界趋向位移动词还只限于英语位移动词的分类。日语的位移动词是否存在或如何界定这两类动词还有待于进一步的研究。

"移动方式位移动词"指的是动词语义里蕴含移动方式和手段的动词。比如：

（30）歩く、歩む、駆ける、泳ぐ、はう、飛ぶ、滑る、ぶらつく、うろつく、さまよう、急ぐ、跳ねる、跳ぶ、転がる、流れる、漂う

移动方式位移动词还可以再分为两类。一类是"「走る」类移动方式位移动词"，一类是"「滑る」类移动方式位移动词"。

---

[7] 详见沈家煊（1995）。

① 「走る」类移动方式位移动词[8]。
歩く、歩む、駆ける、泳ぐ、はう、飛ぶ、滑る、ぶらつく、うろつく、さまよう、急ぐ、跳ねる
② 「滑る」类移动方式位移动词。
転がる、流れる、漂う

仔细观察这两类动词就可以发现，「走る」类移动方式位移动词都是非作格自动词，「滑る」类移动方式位移动词都是非宾格自动词。

上述的分类都是施事或受事做主语时的位移动词的分类，并未包含受事做宾语时的位移动词的分类。这是因为将要求宾语共现的他动词看做受事位移动词的看法还是一个新的观点，其小类的划分还有待于进一步的研究。

10.5 位移论元的共现条件

如果归纳上述讨论的位移动词，可以用图10-1来表示。

```
              ┌ 趋向位移动词（進む、発つ等）
  施事位移动词（非作格）┤
              └ 移动方式位移动词（歩く、泳ぐ等）

              ┌ 趋向位移动词（届く、落ちる等）
  受事位移动词（非宾格）┤
              └ 移动方式位移动词（転がる、流れる等）

  受事位移动词（他动词）  缺乏分类
```

图10-1 位移动词的分类

位移物在位移时，除了"谁在移动"外，还有一个标准就是"怎

---
[8] 动词类型的分类引自上野・影山（2001）。

么移动"。通常，位移物在位移时会伴随4类位移论元[9]：

① 起点（起点）。
② 终点（着点・終点）。
③ 路径（経路）。
④ 方向（方向）。

"起点"指的是位移物出发的处所，通常使用「から」「より」「を」这些语法标记来表示；"终点"指的是位移物达到的处所，通常使用「に」「へ」「まで」这些语法标记来表示；"路径"指的是位移物通过的处所，通常使用「を」这个语法标记来表示；"方向"指的是位移物位移的方向，通常使用「に」「へ」这些语法标记来表示。这4个论元是否和怎么与位移动词共现是有条件的。下面我们就以「発つ」「着く」和「進む」为例来讨论它们的共现条件。

「発つ」属于出发类动词，蕴含起点义和方向义，所以可以要求与表起点的「Nから」「Nを」和表方向的「Nに」「Nへ」共现。但是，这类动词不蕴含路径义和终点义，因此不能与表路径的「Nを」和表终点的「Nまで」「Nに」共现。比如：

（31）若いふたりは今晩すぐ、シチェルバツキー家から発つことになっていたからである。（起点 YUKANG语料库）
　　　×表路径义的「家を発つ」
　　　×表终点义的「家まで発つ」
　　　×表终点义的「家に発つ」

（32）翌日は彼も姉の家を発つと言うので、（起点 YUKANG语料库）
　　　×表路径义的「家を発つ」
　　　×表终点义的「家まで発つ」
　　　×表终点义的「家に発つ」

---

[9] 松本（1997）认为"路径"包括"起点""终点"和"路径"，并将这三者统称为"路径"。

(33) 明朝は<u>カリフォルニアに発つ</u>つもりでいた。（方向 YUKANG语料库）

×表路径义的「カリフォルニアを発つ」

×表终点义的「カリフォルニアまで発つ」

×表终点义的「カリフォルニアに発つ」

(34) 所長の玉井は、副所長の小川、鉄工場長の渡辺を連れ、すぐに<u>東京へ発った</u>。（方向 YUKANG语料库）

×表路径义的「東京を発つ」

×表终点义的「東京まで発つ」

×表终点义的「東京に発つ」

与出发类动词相对,「着く」属于达到类动词,蕴含终点义,所以可以要求与表终点的「Nへ」「Nに」「Nまで」共现。但是,这类动词不蕴含起点义、方向义和路径义,因此不能与表起点义的「Nから」「Nを」、表方向义的「Nへ」「Nに」和表路径义的「Nを」共现。比如：

(35) 朝子もタクシーで、十一時過ぎ<u>家へ着いた</u>。（终点 YUKANG语料库）

×表起点义的「家から着いた」「家を着いた」

×表方向义的「家へ着いた」「家に着いた」

×表路径义的「家を着いた」

(36) 3階建ての茶色い外壁。コンクリートで出来た<u>建物の前に着く</u>。1階が事務所で2、3階は社長の自宅になっていた。（终点 YUKANG语料库）

×表起点义的「建物の前から着いた」「建物の前を着いた」

×表方向义的「建物の前へ着いた」「建物の前に着いた」

×表路径义的「建物の前を着いた」

（37）達雄夫婦は、その晩遅く、疲れて、<u>国府津の宿まで</u>着いた。（终点 YUKANG语料库）

×表起点义的「国府津の宿から着いた」「国府津の宿を着いた」

×表方向义的「国府津の宿へ着いた」「国府津の宿に着いた」

×表路径义的「国府津の宿を着いた」

「進む」类动词属于位移动词，用来表达充当主语的有生物或无生物的位移，不仅蕴含路径义、而且还蕴含方向义、起点义和终点义，所以这类动词通常可以比较自由地要求与表路径义的「Nを」、表方向义的「Nに」「Nへ」、表起点义的「Nから」和表终点义的「Nに」「Nへ」「Nまで」共现。比如：

（38）私は夜明を待ち、<u>稜線を北に進</u>んだ。（路径、方向 YUKANG语料库）

（39）<u>リマから北へ進む</u>と、気候は一層湿気を増し、遂に赤道近くのグアヤキル河の岸に、我々は鬱蒼とした森林を見いだす。（起点、方向 YUKANG语料库）

（40）私は、母と一緒に仏壇の<u>前に進</u>み、茶色の粉を火にくべて、両手を合わせた。（终点 YUKANG语料库）

（41）<u>東京の大学へ進</u>んだ大沢、木原、金子の三人からの寄せ書きであった。（终点 YUKANG语料库）

（42）男臣の作法として庭に面した<u>廊下まで進</u>み、そこですわった。（终点 YUKANG语料库）

但是，在与表起点论元共现时要受到一定的限制。「進む」类动词可以与表起点的「Nから」共现，但不能与表起点的「Nを」共现。比如，例句（39）中的起点是不能换成「Nを」的。

（43）<u>リマから北へ進む</u>

×表起点的「<u>リマを北へ進む</u>」[10]

---

[10] 如果「リマを北へ進む」中的「リマを」用来表路径的话，该句子是可以成立的。

第10章 日语的位移动词与位移句

从上面的讨论中可以看出，「発つ」「着く」和「進む」虽然都是位移动词，但可以与什么样论元共现要受到动词语义的支配。三者的不同可以用表10-1来表示。

表10-1 「発つ」「着く」「進む」与位移论元共现的异同

		発つ	着く	進む
起点	Nから	○	×	○
	Nを	○	×	×
终点	Nに	×	○	○
	Nへ	×	○	○
	Nまで	×	○	○
路径	Nを	×	×	○
方向	Nに	○	×	○
	Nへ	○	×	○

至于论元的共现与动词语义的支配关系，即什么样的论元可以与哪种类型的位移动词共现，不能与哪种类型的位移动词共现，支配共现成分的规则等问题还有待于进一步研究。

思考题

[1] 请举例说明施事位移动词和受事位移动词。
[2] 请举例说明位移论元的共现条件。

本章参考文献

［1］岡田幸彦. 空間移動を表す動詞の分析—構文特性・アスペクト特性・タクシス特性に基づいて—[J]. 国立国語研究所. 日本語科学10，2001.

［2］野誠司,影山太郎. 移動と経路の表現[M]//影山太郎. 日英対照動詞の意味と構文. 東京：大修館書店，2001.

［3］影山太郎. 文法と語形成[M]. 東京：ひつじ書房，1993.

［4］影山太郎. 形態論と意味[M]. 東京：くろしお出版，1999.

［5］影山太郎. 日英対照動詞の意味と構文[M]. 東京：大修館，2001.

［6］荻野孝野，小林正博，井佐原均. 日本語動詞の結合価[M]. 東京：三省堂，2003.

［7］松本曜. 第Ⅱ部空間移動の言語表現とその拡張[M]//田中茂範，松本曜. 日英語比較選書6　空間と移動の表現. 東京：研究社，1997.

［8］松本曜. 日本語の語彙的複合動詞における動詞の組み合わせ[J]. 日本言語学会. 言語研究，114，1998.

［9］松本曜. 使役移動構文における意味的制約[M]. シリーズ言語科学2認知言語学Ⅰ：事象構造. 東京：東京大学出版会，2002.

［10］宮島達夫. 動詞の意味・用法の記述的研究[M]. 東京：秀英出版，1972.

［11］于康."V上"中"上"的义项分类与语义扩展机制[J]. 関西学院大学言語教育研究センター. 言語と文化第9号，2006a.

［12］于康."V下"的语义扩展与结果义[J]. 中国語の補語. 白帝社，2006b. (以同名收录于日本现代汉语语法研究论文选集. 北京语言大学，2007.)

［13］彭广陆. 日中両国語における姿勢動詞の比較[J]. 日中言語対照

研究会. 日中言語対照研究論集 第2号. 白帝社, 2000.
- [14] 彭广陆. 日汉姿态动词对比研究[M]. 汉日语言研究文集1. 北京：北京出版社, 1998.
- [15] 沈家煊. "有界"与"无界"[J]. 中国社会科学院语言研究所. 中国语文 第5期, 1995.
- [16] 袁毓林. 论元角色的层级关系和语义特征[J]. 世界汉语教学学会. 世界汉语教学 第3期, 2002.

第11章

日语的时间表达

人们使用语言来传递信息的时候都会与时间发生关系。这个关系表现在两个方面：

① 说话人如何表达动作或事件发生的时间。
② 说话人如何表达动作或事件与时间过程的关系。

在语法研究中，通常使用"时（テンス）"这个术语来表达①的内容，使用体（アスペクト）这个术语来表达②的内容[1]。也就是说，"时"用来表达过去、现在、未来这些时间的概念，"体"用来表达说话人如何对待在某个时间中动作或事件过程的概念[2]。

日语和汉语一样，在大多数情况下，"时"和"体"是不能截然分开的。"时"里会蕴含"体"，"体"里也会蕴含"时"。因此，除非特殊需要，本书用"时体"这个术语来表达动作或事件与时间的关系，而不是将"时"和"体"截然分开[3]。

11.1 动作或事件与时间的关系

使用语言表达动作或事件与时间的关系时，至少需要明确以下几个问题：

---

[1] 详见庵功雄等（2001：68-82）。
[2] 详见小池等（1997：5-298）。
[3] 也有人认为日语的"时"和"体"是可以截然分开的。但需要证明"时"置于前景义时，背景义里不会蕴含"体"义，或"体"置于前景义时，背景义里不会蕴含"时"义。

① 动作或事件发生的时间（过去/過去，现在/現在，未来/未来）[4]。

（1）9時に食べた。（过去）

（2）いま食べる。（现在、未来）

（3）明日食べる。（未来）

② 动作或事件发生时的状态（开始/開始，变化/変化，反复/反復等）。

（4）食べ始める。（开始）

（5）食べだす。（开始）

（6）雨が降り出した。（变化）

（7）毎日食べる（た）よ。（反复）

（8）毎日納豆を食べている（ていた）。（反复）

③ 动作或事件发生后的状态（动作的持续/動作の継続，结果状态的持续/結果状態の継続，变化的持续/変化の継続等）。

（9）いま食堂で食べている。（动作的持续）

（10）そのとき、食堂でご飯を食べていた。（动作的持续）

（11）花子は結婚している（ていた）。（结果状态的持续）

（12）車が止まっている（ていた）。（结果状态的持续）

（13）鍵はテーブルの上に置いてある（てあった）。（结果状态的持续）

（14）海外にその舞台を広げつつある（つつあった）。（变化的持续）[5]

（15）その評価はますます固まりつつある（つつあった）。（变化的持续）

---

[4] 时体的语法标记并非单义，有很多是兼类的。即一个语法标记可以表达多种时体意义。为了举例方便，此处只取典型义。

[5] 表"变化的持续"的例句基本来自副島（2007）。表时体的例句基本来自工藤（1995）。

④ 说话人对动作或事件描述的角度（单纯的状态描述/単なる状態，记录/記録等[6]）。

（16）太陽は、地球から遠く離れている。（単純的状態描写）

（17）初代駐日公使ハーバート・マーラーは、9月の赴任後、早くも11月末には関西学院を訪れています。（記录）

（18）犯人は犯行後ここでラーメンを食べている。（記录）

⑤ 动作或事件发生后与现在的关系（完成/パーフェクト[7]）。

（19）その本ならもう読んだよ。（完成）

（20）あなたが家庭をもつ頃には、私はもうとっくに死んでいるわよ。（未来完成/未来パーフェクト）

（21）私の父は、ガンで、もう死んでいます。（現在完成/現在パーフェクト）

（22）私が帰郷した時には、父は既に3時間前に死んでいた。（过去完成/過去パーフェクト）

这5类时间关系有的需要用词汇方式来表达，有的需要用时体的语法标记来表达，有的需要用词汇和语法标记结合起来表达。这里我们只讨论时体的语法标记问题。

时体语法标记究竟可以用来表达什么样的时间关系，这是语法研究中的一个大热门，前人研究的积累非常深厚。但是，从日语学习者

---

[6] 工藤将表经验和记录的用法归类于完成（パーフェクト）。
[7] 学者不同，对"完成/パーフェクト"定义也不一样。这里介绍两类定义，一类来自语法研究角度，一类来自日语教育角度。
语法研究角度的定义：パーフェクトとは、〈設定時点にたいする出来事時点の先行性〉というテンス的要素と、〈運動自体の完成性＋その効力〉というアスペクト的要素を相互前提的にふくみこんだ、複合的な時間概念である。（工藤1995：105）
日语教育角度的定义：以前に動作があったということの有効性を、状態表現を用いて表すことになっている。こうした表現はパーフェクトと呼ばれる。（森山2005）

的时体标记的使用情况来看，误用现象仍旧十分明显[8]。因此，从如何让日语学习者造出正确的句子，并能够运用得体这个角度出发来研究日语时体语法标记的表义功能和使用条件，这应该是今后日语时间表达研究的一个重要课题。

11.2 日语表达时间关系的主要语法标记与表义功能

日语在表达动作或事件与时间的关系时最主要有4种形式[9]：

① Vる。
② Vた。
③ Vている。
④ Vていた。

这4种形式中，「Vる」和「Vた」虽然都可以用来表"时"，但同时也蕴含表"体"义。与此相比，「Vている」和「Vていた」则本身就是"时"和"体"的结合体。

汉语里的"了""着""过"也可以用来表达动作或事件与时间的关系，于是有人认为这些标记可以用来表"过去时"和"正在进行时"等。但是，这里有两个值得注意的问题是：

① 汉语里没有专门只用来表"时"的语法标记。
② 汉语表时间关系时有的时候无需表时体的语法标记共现。

汉语中的"了"和"过"看似与"时"有关，但实际上不是专门用来表"时"的语法标记。而且，汉语的"了"和"过"在与"是"字句、"在"字句、形容词谓语句等共现时要受到一些限制。比如：

（23）×那个时候，他是了学生。
（24）×他是过学生。

---

[8] 这里的误用指的不是初级（即大学生1、2年级）的误用，而是在学完时体语法之后的误用。日本学生对日语时体标记表义功能的理解也因人而异，详见后面的有关小节或于康（2011）。
[9] 「Vてある」「Vておく」「Vてしまう」「Vていく」「Vてくる」「Vつつある」等也可以用来表时体。关于这些形式本书暂不做讨论。

（25）×昨天上午9点，小王在了图书馆。

（26）×小王在过图书馆。

（27）×桌子上有了一本书。

（28）×去年的樱花真漂亮了。

（29）×樱花真漂亮过。

尽管日语可以说「そのとき、彼は学生だった」「昨日の午前9時、王さんは図書館にいた」「去年の桜は本当にきれいだった」，但汉语是不能使用"了"或"过"的，这时候，汉语无需任何表时间的语法标记共现[10]。

关于上述日语的4种语法标记之间的时体关系，高桥（1985）用表11–1来表示。

表11–1 时体标记的对立关系

时＼体	完整体（完成相）	持续体（継続相）
非过去	スル	シテイル
过去	シタ	シテイタ

在表"时"时，表"非过去"的「スル」与表"过去"的「シタ」、表"非过去"的「シテイル」与表"过去"的「シテイタ」为对立关系。在表"体"时，表"完整体"的「スル」与表"持续体"的「シテイル」、表"完整体"的「シタ」和"持续体"的「シテイタ」为对立关系。

但是，「スル」「シタ」「シテイル」「シテイタ」这4种语法标记除了可以表"非过去""过去""完整""持续"之外，如例句（1）~（22）所示，还具有多种表义功能，因此，高桥的图示似乎不足以说明这些问题。工藤（1995：43）在综合4种语法标记的各类表义

---

[10] 在上述的句式中，"了"不能直接出现在动词之后，但有的时候可以出现在句末。出现在句末的"了"通常称做"了₂"，此时用来表"变化"等。比如，去掉时间词，"他是学生了""他（已经）在图书馆了""樱花漂亮了"都是可以成立的，这些句中的"了"都用来表"变化"。

第 11 章 日语的时间表达

功能的基础上,将时体的语法标记与表义功能的关系图解为图11-1。

体 时	完整性 (完成性)	持续性 (継続性)	完成性 (パーフェクト性)	反复性 (反復性)
未来	スル	シテイル	シテイル	スル
现在	／	シテイル	シテイル・シタ	スル・シテイル
过去	シタ	シテイタ	シテイタ	シタ・シテイタ

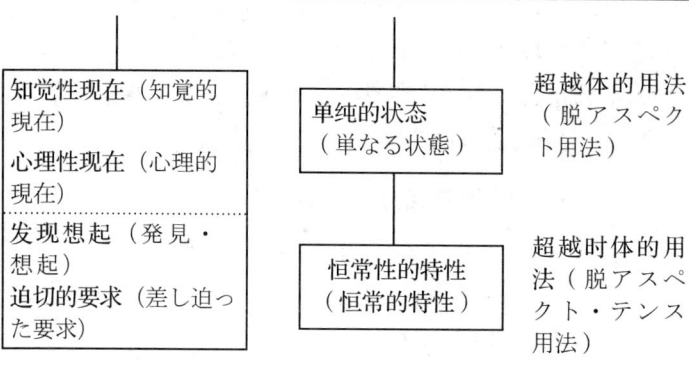

图11-1 时体的语法标记与表义功能的关系

在表完整性和持续性上,「スル」与「シテイル」,「シタ」与「シテイタ」为对立关系,有着明显的分工。但是,在表完成性上,除了「スル」之外,「シテイル」「シタ」和「シテイタ」都是可以共现的。特别是在表反复性上,除了"时"的限制不同外,这4种标记都可以出现。在表达现在反复时,不仅可以使用「スル」,也可以使用「シテイル」,在表达过去反复时,不仅可以使用「シタ」,也可以使用「シテイタ」。

另外,表时体的语法标记未必只用来表时体,有时也可以用来表情态和语气,比如,"发现""想起""命令"等,甚至还具有超越时体的用法,比如"单纯的状态描述"和"记录"等。

143

11.3 时间表达与动词的类型

日语选择语法标记来表达动作或事件与时间的关系时并非是无条件的，会受到各种条件的制约，其中首先要受到动词类型的制约。这是因为如果动词的语义本身已经蕴含表时间的信息，这些信息会接受或排斥语法标记的共现。因此，动词类型与时体表现形式的关系一直是时体研究中一个非常重要的课题。

在日语动词的类型与时间表达关系的研究中，最具典型意义的是金田一（1950）、奥田（1977，1978）、工藤（1982，1995，2004）的研究。下面就以这三家的观点为主来观察一下动词的类型与选择语法标记之间的关系。

11.3.1 金田一的观点

金田一（1950）把动词分成4类，并通过这4类动词来观察动词与「ている」共现的条件，以及共现时「Vている」的表义功能。

① 状态动词（状態動詞）。

ある、出来る（可能の場合）、表可能的动词見える、言う、値する、大きすぎる等

② 持续动词（継続動詞）。

読む、書く、笑う、泣く、喋る、歌う、見る、聞く、食う、飲む、舐める、吸う、押す、引く、歩く、泳ぐ、働く、考える、勉強する、散る、降る、燃える等

③ 瞬间动词（瞬間動詞）。

死ぬ、点く（電灯）、消える（電灯）、触る、届く、離れる、きまる、見つかる、終わる、出発する、到着する、結婚する、卒業する、失う、忘れる等

④ 第四种动词（第四種の動詞）（要求带「…ている」，表示呈现某种状态的动词）。

すぐれる、おもだつ、ずばぬける、ありふれる、才気走

る、にやける、ばかげる、富む、似る、高い鼻をする、丸顔をする、しんねりむっつりする 等

状态动词超越时间概念，不和「ている」共现。持续动词表示在一定时间内持续进行的动作，和「ている」共现。瞬间动词表瞬间结束的动作，和「ている」共现时表示该动作或作用留存的结果。第4种动词必须和「ている」共现用来表状态。

11.3.2 奥田的观点

奥田（1977）不赞同金田一的观点。他在批判金田一（1950，1955）、铃木（1957，1958）、高桥（1969）、吉川（1973）观点的基础上，以是否存在"体"系统为标准将动词分为两大类：

① 具有"体"系统的动词。
② 不具有"体"系统的动词。

然后再各分两小类。如图11–2。

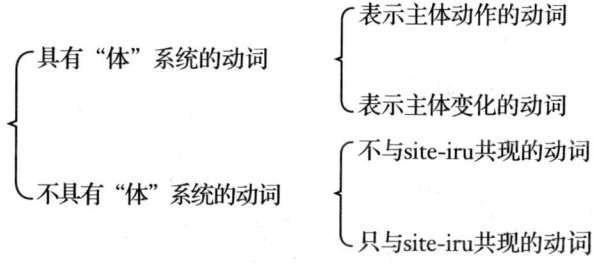

图11–2 奥田的动词分类

11.3.3 工藤的观点

工藤（1995：69）将动词分为3大类：
① 外在运动动词（外的運動動詞）[11]。
② 内在状态动词（内的状態動詞）。

---

[11] 这里只举一些典型的动词。有些动词工藤未用汉字，为了便于阅读，参考工藤其他论文的例句，这里都改用汉字来表达。

③ 静态动词（静態動詞）。

外在运动动词还可以再分为3类：

① 主体动作客体变化动词（主体動作・客体変化動詞）。
　・開ける、折る、消す、倒す、曲げる、入れる、並べる、抜く、出す、運ぶ、作る

② 主体变化动词（主体変化動詞）。
　・行く、来る、帰る、立つ、並ぶ、開く、折れる、消える、曲がる、入る、出る、太る、就職する

③ 主体动作动词（主体動作動詞）。
　・動かす、回す、打つ、押す、食べる、見る、言う、歩く、泳ぐ、走る、泣く、飛ぶ、揺れる

内在动词还可以再分为4类：

① 思考动词（思考動詞）。
　・思う、考える、疑う、信じる
　・分かる、察する
　・祈る、期待する、願う、望む

② 感情动词（感情動詞）。
　・あきらめる、あこがれる、いらいらする、恨む、恐れる、感謝する、はらはらする、喜ぶ
　・飽き飽きする、信心する、驚く、がっかりする、まいる、よわる

③ 知觉动词（知覚動詞）。
　・味がする、音がする、感じる、聞こえる、匂う、見える

④ 感觉动词（感覚動詞）。
　・傷む、うずく、感じる、くらむ、疲れる、頭痛がする、震える、むかむかする
　・しびれる、（喉が）かわく、（腹が）へる

静态动词也可以再分为4类：
① 存在动词（存在動詞）。
- ある、いる
- 存在する（存在している）、点在する（点在している）

② 空间配置动词（空間的配置動詞）。
- そびえている、ひしめき合っている、面している、隣接している

③ 关系动词（関係動詞）。
- 値する、当たる、当てはまる、相当する
- 意味する（意味している）、依存する（依存している）、異なる（異なっている）、示す（示している）、違う（違っている）、適する（適している）
- 似ている

④ 特性动词（特性動詞）。
- 甘すぎる、大きすぎる、泳げる、話せる
- 似合う（似合っている）
- ありふれている、優れている、しっかりしている、精通している、ばかげている、勝っている

对动词进行分类是因为不同类型的动词会对表时体的语法标记的共现有不同的要求，而且，语法标记的表义功能也会受到动词类型的支配。

这里再举一个例子，比如外在运动动词。外在运动动词可以再分为3个小类，在这3个小类中，当外在运动动词为"主体动作客体变化动词"时，「シテイル」在主动句中用来表动作的持续，在被动句中用来表结果的持续。当动词为"主体变化动词"时，「シテイル」用来表结果的持续。当动词为"主体动作动词"时，「シテイル」在主动句和被动句中都用来表动作的持续（工藤1995：72）。

11.4 日语时体研究的发展

在日语的时体研究中，影响最大的并能够自成体系的要数金田一春彦、铃木重幸、藤井正、高桥太郎、寺村秀夫、吉川武时、奥田靖雄、工藤真由美、村木新次郎、铃木泰、金水敏、定延利之、须田义治、副岛健作等人的研究了。其中，奥田、工藤的研究奠定了时体研究的基础，在时体研究中具有里程碑的意义，而后来居上的须田学说新颖独到，引人注目。

奥田对金田一、铃木、高桥、吉川时体观持有不同看法，提出了自己的时体观。这个时体观基本上是以俄语的时体理论为基础的。之后，工藤继承了奥田的观点，并导入语言学的理论来解释日语的时体问题，形成自己的体系。但是，同样是出自奥田门下，须田（2010）对奥田和工藤的时体观提出了不同的看法。

须田认为奥田时体观的基本方向是对的，主干没有问题，只是受到了时代的局限，有些问题并未体系化或没能深入。而工藤的时体研究是不加批判地继承了奥田的时体观，并没有对奥田的时体理论进行深化，只不过是"嫁接（つぎ木）"而已。而且，须田认为工藤对日语时体的分析基本上是建立在西方语言学理论基础上的，是从西方语言学理论的角度来看日语的时体现象。

从理论的继承和发展这个角度来看，工藤的时体学说和须田的时体学说与奥田的时体学说的关系可以用图11-3来表示。

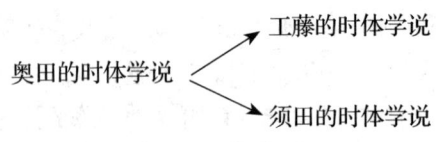

图11-3 工藤学说和须田学说与奥田学说的关系

须田也承认他的时体观和工藤的时体观之间没有继承性[12]，两者都出自于奥田，但构成两个不同的体系。由于工藤的时体学说长期以来成为学界的基本观点，是时体研究的一个出发点，基本上没有受到过否定，而须田第一个提出不同意见，并且几乎是对工藤所有的基本观点提出质疑。因此，暂且不论须田的时体学说是否可以得到大家的认可，但作为一个具有批判性、挑战性的学说，我们有必要粗略地了解一下须田的时体观[13]。

须田从形态学的角度出发，认为日语的时体可以分为4类：
① 核心义（中核的な意味）。
② 基本义（基本的な意味）。
③ 一般义（一般的な意味）。
④ 周边义（周辺的な意味）。

"核心义"指的是原型义，是所有其他个别义的核心和出发点。"基本义"指的是该义的实现基本上不会依附于语境，使用频度最高的语义。"一般义"指的是无论时体表达采用哪种形式，都不会发生变化的语义。"周边义"指的是反复义。

"核心义"的实现有一个条件，这就是基准时间点必须设定为说话时即现在。如果将核心义中体的对立看做过程持续（過程継続）与达到界限（限界到達）的对立，那么，"持续体/非过去"与"完整体/过去""完整体/非过去"构成一对二的对立。而完整体所表达的达到界限义主要是依靠有界动词（限界動詞）来表达，持续体所表达的典型的过程持续义主要是依靠无界动词（無限界動詞）来

---

[12] 须田（2010.9.1）在给作者的邮件中说到，在理论上自己没有受到工藤学说的丝毫影响，与工藤的研究属于两个方向，自己是在奥田时体观基础上，并在重新审视俄语时体研究理论的基础上，对奥田的理论进行了进一步的深化，并提出了自己的观点。

[13] 换句话说，今后的时体研究如果是站在支持工藤学说的立场上来进行的话，就有必要先对须田的学说进行质疑，如果不能否定须田的学说，那就证明须田的学说是可以成立的。关于须田学说的具体内容请参见须田（2010：3-119）。

表达[14]。

比如，在现代日语中，由于「している」的存在，「する」不能用来表达过程与基准时间点为同时间的未完成义，当它与「した」一起与「している」构成对立关系时，才会产生与「した」相通的"达到界限"义。

在"达到界限"是在说话之前还是之后[15]这点上，「する」与「した」相对立。也就是说，「する」与「した」的对立并不是完成与未完成的对立，而是"达到界限"是在说话之前还是说话之后这个"之前过去（直前過去）"与"之后未来（直後未来）"的对立，这个对立是"时（テンス）"的对立。这可以用表11-2来表示。

表11-2 核心义

テンス＼アスペクト	达到界限	过程持续
之后未来	する	
现在		している
之前过去	した	

在基本义中，持续体与核心义的语义相同，用来表达动作过程的持续，而完整体用来表达整体事实义（全体的な事実）。从内在的时间结构来看，持续体可以用来表示动作的内在的时间结构，而完整体不用来表达内在的时间结构。两者在这个问题上为对立关系。基本义在时间为过去和未来时才可以成立，而时间为现在时是不成立的。这可以用表11-3来表示。

---

[14] 下面的叙述主要是对須田（2010）的归纳，这里就不一一标注出处。
[15] 須田的术语是「直前」和「直後」。由于这两个术语无法用汉语准确表述，这里暂且用"之前"和"之后"来表述。

表11-3 基本义

テンス\アスペクト	整体事实	过程持续
未来	する	している
现在		している
过去	した	していた

一般义是一个非常抽象的概念，要证明其是否存在和如何提取并非一件易事。不过，就持续体而言，过程持续义不仅核心义里有，而且基本义和下面要提及的周边义里也有。因此，可以说，持续体是一般义。

与此相对，完整体就很难提取出一般义了。尽管如此，在现代日语的"体"中，可以规定持续体用来表达过程持续，完整体用来表达非过程持续是一般义。这可以用表11-4来表示。

表11-4 一般义

テンス\アスペクト	非过程持续	过程持续
非过去	する	している
过去	した	していた

周边义通常指反复性动作义，在完整体和持续体的过去、现在和未来的所有用法中都可以看到"显现持续过程（過程継続の明示）"和"不显现持续过程（過程継続の非明示）"的对立。这可以用表11-5来表示。

表11-5 周边义

テンス\アスペクト	不显现持续过程	显现持续过程
未来	する	している
现在	する	している
过去	した	していた

归纳上述各表，须田学说的体系可以用表11-6来表示。

表11-6 须田学说的体系

テンス＼アスペクト	非持续体 非过程持续	持续体 过程持续
非过去"时" （非过去）	する ① 之后未来：达到界限 ② 未来：整体事实 ③ 现在（未来）：不显现持续过程	している ① 现在（未来）：过程持续 ② 现在（未来）：显现持续过程
过去"时" （过去）	した ① 之前过去：达到界限 ② 过去：整体事实 ③ 过去：不显现持续过程	していた ① 过去：过程持续 ② 过去：显现持续过程

须田认为他的研究首先是对奥田的时体学说进行重新探讨，然后从理论上完成时体学说的体系并显示日语"体"的全貌。与奥田学说最大的不同是提出了"一般义"这个概念。"基本义"与"核心义"的区别是俄语时体研究理论中所没有的，这是须田的独创[16]。

思考题

[1] 请举例说明动词的类型与时体研究的关系。

[2] 请解释须田时体观与工藤时体观的主要不同。

本章参考文献

[1] 赤羽根義章.アスペクト（相），テンス（時制）[M]//小池清治，小林賢次，細川英雄，犬飼隆.日本語学キーワード事典.東京：朝倉書店，1997.

---

[16] 这段内容来自须田（2010.9.1）给作者的邮件。

[2] 庵功雄,高梨信乃,中西久実子,山田敏弘.中上級を教える人のための日本語文法ハンドブック[M].東京:スリーエーネットワーク,2001.

[3] 井上優.現代日本語の「タ」—主文末の「…タ」の意味について—[M].「た」の言語学.東京:ひつじ書房,2001.

[4] 奥田靖雄.アスペクトの研究をめぐって—金田一的段階—[J].宮城教育大.国語国文,8,1977.

[5] 奥田靖雄.アスペクトの研究をめぐって(上)(下)[J].教育国語53,54,1978.

[6] 奥田靖雄.ことばの研究・序説[M].東京:むぎ書房,1985.

[7] 奥田靖雄.時間の表現(1)(2)[J].教育国語 94,95,1988.

[8] 尾上圭介.現代語のテンスとアスペクト[J].日本語学 1巻2号,1982.

[9] 金水敏.第1章 時の表現[M]//金水敏,工藤真由美,沼田善子.時・否定と取り立て.東京:岩波書店,2000.

[10] 金田一春彦.国語動詞の一分類[J].言語研究,15,1950.

[11] 金田一春彦.日本語動詞のテンスとアスペクト[J].名古屋大学文学部研究論集.X(文学4),1955.

[12] 金田一春彦.日本語動詞のアスペクト[M].東京:むぎ書房,1976.

[13] 工藤真由美.シテイル形式の意味のあり方[J].日本語学1-2,1982a.

[14] 工藤真由美.シテイル形式の意味記述[J].武蔵大学人文学会.武蔵大学人文学会雑誌13-4,1982b.

[15] 工藤真由美.アスペクト・テンス体系とテクスト—現代日本語の時間の表現—[M].東京:ひつじ書房,1995.

[16] 工藤真由美.述語の意味類型とアスペクト・テンス・ムード

[J]. 月刊 言語 12月号. 大修館書店，2001.

[17] 工藤真由美. 現代語のテンス・アスペクト[M]//北原保雄監修，尾上圭介. 朝倉日本語講座6　文法Ⅱ. 東京：朝倉書店，2004.

[18] 定延利之. 情報のアクセスポイント[J]. 月刊 言語12月号. 大修館書店，2001.

[19] 鈴木重幸. 日本語の動詞のすがた（アスペクト）について—〜スルの形と〜シテイルの形—[M]//金田一春彦（1976）. 日本語動詞のアスペクト. 東京：むぎ書房，1957.

[20] 鈴木重幸. 日本語の動詞のとき（テンス）とすがた（アスペクト）—〜シタと〜シテイタ—[M]//金田一春彦（1976）. 日本語動詞のアスペクト. 東京：むぎ書房，1958.

[21] 鈴木泰. 改訂版　古代日本語動詞のテンス・アスペクト—源氏物語の分析—[M]. 東京：ひつじ書房，1992.

[22] 須田義治. 現代日本語のアスペクチュアリテイーの体系について[M]. 日本語と中国語のアスペクト. 東京：白帝社，2002.

[23] 須田義治. 現代日本語のアスペクト[J]. 海山文化研究所，2003.

[24] 須田義治. 現代日本語のアスペクト論　形態論的なカテゴリーと構文論的なカテゴリーの理論[M]. 東京：ひつじ書房，2010.

[25] 副島健作. 日本語のアスペクト体系研究[M]. 東京：ひつじ書房，2007.

[26] 高橋太郎. すがたともくろみ[M]//金田一春彦編（1976）. 日本語動詞のアスペクト. 東京：むぎ書房，1969.

[27] 高橋太郎. 現代日本語動詞のアスペクトとテンス[M]. 国立国語研究所. 東京：秀英出版，1985.

[28] 寺村秀夫. 'タ'の意味と機能[M]. 言語学と日本語問題. 東京：くろしお出版，1971.

[29] 寺村秀夫. テンス・アスペクトのコト的側面とムード的側面[J]. 日本語学 12 号. 明治書院，1982.
[30] 藤井正.「動詞＋ている」の意味[M]//金田一春彦編（1976）. 日本語動詞のアスペクト. 東京：むぎ書房，1966.
[31] 村木新次郎. 日本語動詞の諸相[M]. 東京：ひつじ書房，1991.
[32] 森山卓郎. テンス・アスペクト[M]//日本語教育学会. 新版日本語教育事典. 東京：大修館書店，2005.
[33] 吉川武時. 現代日本語動詞のアスペクトの研究[M]//金田一春彦編（1976）. 日本語動詞のアスペクト. 東京：むぎ書房，1973.
[34] 于康. 第十一章日语语法结构与语义研究[M]//翟东娜. 日语语言学. 北京：高等教育出版社，2006.
[35] 于康. 中国語母語話者の日本語習得プロセスコーパス[J]. 中国語母語話者の日本語誤用コーパスの構築と中国語母語話者の日本語誤用研究のストラテジー. 関西学院大学経済学部. エクス：言語文化論集 7 号, 2011.

第12章

「Vた」和「Vている」的表义功能

日语时体语法标记的共现和选择要受动词语义的制约,在表达事件与时间的关系时,说话人的角度是一个很重要的参数。由于日语的时体语法标记除了语法义外,还与情态和语气的表达有关,其表义功能在很多地方又与汉语的思路不同,因此,不仅在日语语法和语义研究中,即使是在日语教学中,日语的时体问题依旧是一个尚未解决的难题。

在日语时体语法标记的使用中,中国学生最容易出错和用不得体的是「Vた」和「Vている」[1]。「Vた」不仅可以表达过去的事件,也可以表达现在和未来的事件,「Vている」除了可以表达动作和结果状态是否持续这些与现在有关的事件外,还可以表达过去和未来的事件。下面我们就来详细地考察一下「Vた」和「Vている」的表义功能问题。

12.1 「Vた」的表义功能

12.1.1 「Vた」的语义分类

在表达某个动作或事件发生在过去某个时间点时,日语通常会使用「Vた」来表达。于是,很多人会很自然地认为「Vた」用来表

---

[1] 详细请参照于康(2011)。

"过去时"。

在第11章的讨论中可以得知,这个「Vた」并非只用来表达"过去"的动作和事件,还可以用来表达现在和将来的动作和事件。比如:

(1) うどんを食べた。(过去,完成)

(2) 三年前、彼はよく牛乳を飲んだ。(反复)

(3) あ!財布はここにあった!(发现)

(4) 明日?(手帳を見て)、明日、授業があった。(想起)

(5) あ、そういえば今日は俺の誕生日だった。(想起)

(6) 明日の会議、6時からだった?(确认)

(7) もう時間がない!乗った!乗った!(命令)

如例句(1)所示,「た」的确可以用来表达动作和事件的发生时间不是现在而是过去。不过,仅凭此点似乎还不能断定「た」就不蕴含其他义。比如[2]:

(8) a. レポート出した?

　　b. 出したよ。

这里「出した」的「た」除了可以单纯表示动作发生的时间外,还蕴含动作发生后,直到现在该动作仍然具有效力的语义。这可以通过设定截稿日来理解。

(9)(昨日はレポートの提出日であった)

　　甲:昨日、レポート出した?

　　乙:うん、(ちゃんと昨日)出したよ。

　　　　いや、(昨日は結局)出さなかった。

(10)(甲と乙はレポートの提出期限を翌日にひかえている)

　　甲:(もう)レポート出した?

　　乙:うん、(もう)出したよ。

　　　　いや、(まだ)出していない。

---

[2] 详见井上(2001)。

例句（9）中「出した」的「た」的前景义可以理解为表过去，指动作的时间点，而例句（10）中「出した」的「た」的前景义[3]可以理解为表完成（パーフェクト），指动作的时间过程。因此，「出した」中「た」的语义是模糊的，不能简单地理解为表过去。

「Vた」的"发现"义指的是说话人发现眼前的事物。「Vた」的"想起"义指的是说话人想起未来预定发生的动作或事件。「Vた」的"确认"义指的是说话人对未来预定发生的动作或事件进行确认。如果说"发现""想起"和"确认"指的是时间轴上的一个时间点上（将要）发生的动作或事件，那么，「Vた」的"反复"义指的就不是发生在时间点上的动作或事件，而是发生在一个时间段内的动作或事件了。

12.1.2 尾上的观点

在日语的时体研究中，尾上（1982）的观点可谓独树一帜，因此，在论及一般的分类之后，有必要专门了解一下尾上的分类。尾上（1982）将「Vた」的表义功能分为6类：

① 表完成（完了）。

（11）病気はもう治った[4]。

（12）やっと試験が全部済んだ。

（13）裏の庭で猫がニャーと鳴いた。

（14）健康が何より大事だとつくづくわかった。

（15）思えばこれまでお前にもずいぶん苦労をかけたなあ。

② 表过去（過去）。

（16）先週の日曜日は六甲山に登った。

（17）あの時はずいぶん腹が立った。

（18）下宿では毎晩集まって騒いだものだ。

---

[3] 前景义是无需语境支持，首先想到的语义，背景义是需要语境支持才能察觉到的语义。

[4] 此处例句全部引自尾上（1982），画线也来自尾上。

③ 表肯定（確言）。
　a. 表获得某种状态（事態の獲得）。
　　（19）わかった！なるほどそうだったのか。
　　（20）しめた！
　　（21）（試験前夜、教科書をバタンと閉めて）覚えた！寝るゾォ。
　b. 表获得某种展望（見通しの獲得）。
　　（22）（詰みにつながる手筋を発見して三１角を打ちながら）よし、これで勝った！
　　（23）（殺人計画の完成）これで間違いなくあいつは死んだ！
　c. 表发现（発見）。
　　（24）あった！あった！
　　（25）バスが来た！
　d. 表决定（決定）。
　　（26）よし、買った！
　　（27）ええい、やめた！
④ 表想起（想起）。
　　（28）おれには手前という強い味方があったのだ。
　　（29）君は、たしか、たばこを吸ったね。
⑤ 表要求（要求）。
　　（30）どいた！どいた！
　　（31）さっさとめしを食った！食った！
⑥ 表单纯的状态（単なる状態）。
　　（32）とがった鉛筆は折れやすい。
　　（33）壁にかかった絵をごらん。

在这6类中，尾上指出，"完成"和"单纯的状态"用来表"体"，"过去"用来表"时"，"肯定"（"获得某种状态""获得某种展望""发现""决定"）、"想起"和"要求"用来表情态和语气。如图12-1所示。

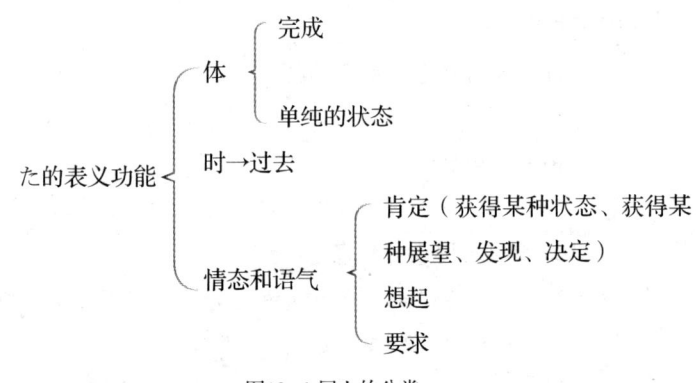

图12-1 尾上的分类

12.1.3 谓语形式的类型与「Vた」的语义指向

谓语形式指的是用做谓语的VP、AP（包括ナ形容词）、「NPだ」等。动词类型的不同会影响如何选择时体语法标记并制约其表义功能，同样，谓语形式的不同也会出现相同的情况。

比如，工藤（2001，2004）根据是否具有"时间上的限制"将谓语的语义类型分为两大类，如图12-2：

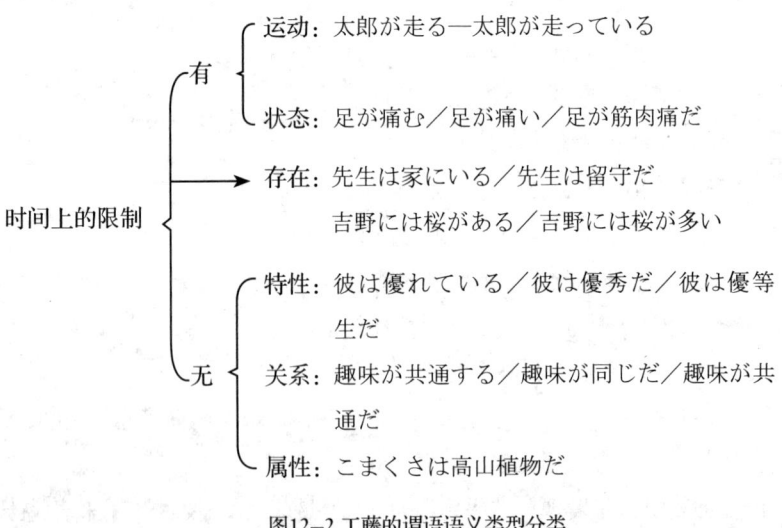

图12-2 工藤的谓语语义类型分类

用来表"运动"义的基本上都是动词谓语，相反，用来表"属性"义的基本上都是名词谓语。这两者构成语义类型的两极对立。位于两者之间表"状态""存在""特性""关系"义的既可以是动词谓语，也可以是形容词谓语或名词谓语。

表"特性"的谓语形式没有时间上的限制，有时虽然也会有"时"的对立，比如「花子は昔はおしゃれだった（过去）」「花子はこの頃おしゃれだ（非过去，现在）」。但是，当句中没有「昔は」、「若い頃は」这类成分共现时，这种对立便会消失，「た」只用来表主体已故去（非现存）义、"想起"和"发现"义。如：

（34）花子さんはおしゃれでしたね。（花子已故去）

（35）そういえば花子さんはおしゃれだった。（想起）

（36）花子さんっておしゃれだったんだ。（发现）

再比如，在表示普遍性真理或属性时是无需与「た」共现的。「ダイヤモンドは硬い」指的是「ダイヤモンド」的属性。当其与「た」共现时，「た」只用来表"想起"或"发现"义，而不再表属性义了。如：

（37）ダイヤモンドは確かに硬かったよ。（想起）

（38）ダイヤモンドは硬かったんだ。（发现）

12.2 「Vている（た）」的表义功能

12.2.1 「Vている（た）」的语义分类

在「Vている（た）」表义功能的研究中，藤井（1979）和工藤（1982a，1982b）的研究最具代表性。下面我们就以这两家的观点为主来观察一下「Vている（た）」的语义分类。

藤井（1979）将「Vている（た）」的语义分为7类：

① 表动作进行（動作の進行）。

　　　　（39）今読んでいる[5]

　　　　（40）いつも読んでいる

　② **表持续**（持続）。

　　　　（41）今じっとしている

　　　　（42）いつもじっとしている

　③ **表结果的存留**（結果の残存）。

　　　　（43）今結婚している

　④ **表经验**（経験）。

　　　　（44）すでに知り合っている

　　　　（45）今までに知り合っている

　　　　（46）以前知り合っている

　　　　（47）そのとき知り合っている

　⑤ **表单纯的状态**（単純状態）。

　　　　（48）すぐれている

　　　　（49）おもだっている

　　　　（50）この道は曲がっている

　⑥ **表反复**（反復）。

　　　　（51）今有名人がどんどん死んでいる

　⑦ **表存在**（存在）。

　　　　（52）小説の中に表現されている人物

　藤井认为"经验"有别于"结果的存留"。比如,例句(53)中的「書いている」并非用来表"结果的存留",而是用来表"经验"。

　　　（53）あの人はたくさんの小説を書いている。

　这是因为,如例句(54)所示,这里的「Vている」是不能与「現在」等时间词共现的。

　　　（54）×現在たくさんの小説を書いている。

---

[5] 例句序号为作者添加。

由此可见，（53）中的「書いている」表达的不是现在的状态。「結婚している」通常被看做"结果的存留"，但是，当它与表过去的时间词共现时，就用来表"经验"，而不是表"结果的存留"。比如：

（55）彼は昭和十五年に結婚している。

藤井对「Vている（た）」表义功能的认定与现代日语语言学中的认定不完全相同，按照现在的分类标准，藤井的有些例句可能会分到其他的类型里去。

工藤（1982a，1982b）在分析金田一、铃木、藤井、高桥、吉川观点的基础上，对「Vている（た）」重新进行了整理。首先将「Vている（た）」分为两大类：

① 基本语义。

② 派生语义。

然后对这两大类进行再分类。将"基本语义"分为以下两个小类：

① 动作的持续（動きの継続）。

（56）花子が本を読んでいる。

（57）お母さんが窓をあけていた。

② 变化结果的持续（変化の結果の継続）。

（58）彼女は結婚している。

（59）窓が開いていた。

将"派生语义"分为以下两个小类：

① a. 反复（反復）。

（60）私は朝日新聞を読んでいる。

（61）その頃彼は毎朝五時に起きていた。

b. 现在依然有效的以前的动作行为（現在有効な以前の運動）。

（62）彼女は前に一度結婚している。

（63）また中学生が先生をなぐっている。（新聞を読みながら）

② 单纯的状态（単なる状態）。

（64）太陽は地球から遠く離れている。

（65）昔、この町には二つの川が流れていた。

归纳工藤的分类，可以用图12-3来表示。

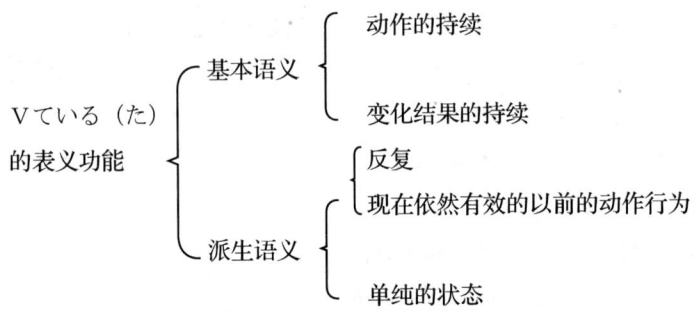

图12-3 工藤的「Vている」表义功能的分类

12.2.2 动词的类型与「Vている（た）」的语义指向

动词的类型与时体标记的语义指向是支配和被支配的关系，这是时体研究的共识。因此，以往的动词分类有很多是出于时体研究的需要。

比如，以「ている（た）」为例。从日语动词可以分为他动词和自动词，自动词可以分为非作格自动词和非宾格自动词这个角度出发，日语动词的类型与「ている（た）」的语义指向之间存在以下几种制约条件：

① 在主动句中，当施事用做主语，动词为表施事动作的他动词，句中没有表反复义的时间词共现或并非用于表反复义时，「ている（た）」通常用来表动作的持续，而不表结果状态的持续。

② 在主动句中，当施事用做主语，动词为表施事动作的非作格自动词，句中没有表反复义的时间词共现或并非用于表反复义时，「ている（た）」通常主要用来表动作的持续。

③ 在主动句中，当受事用做主语，动词为非宾格自动词时，

「ている（た）」通常主要用来表结果状态的持续。

④ 在被动句中，当受事用做主语时，与动词共现的「ている（た）」通常主要用来表结果状态的持续，只要条件或语境允许，有的时候也可以表动作的持续[6]。

从日语的他动词和自动词可以分为成对自他动词、非成对他动词、非成对自动词这个角度出发，动词的类型与「ている（た）」的语义指向之间存在以下几种制约条件：

① 在主动句中，当动词为成对自他动词中的他动词，句中没有表反复义的时间词共现或并非用于表反复义时，「ている（た）」通常主要用来表动作的持续[7]。比如：

（66）太郎は車を止めている。

（67）太郎は車を壊している。

② 在主动句中，当动词为成对自他动词中的自动词，句中没有表反复义的时间词共现或并非用于表反复义时，「ている（た）」通常主要用来表结果状态的持续。比如：

（68）車が止まっている。

（69）車が壊れている。

工藤（1982a，1982b）认为与「ている（た）」共现时表"动作的持续"义的动词主要有3类：

① 表主体动作的动词（主体の動きを表すもの）。

歩く、走る、飛ぶ、流れる、泳ぐ、すべる、はう、動く、通る、たどる、うろつく、揺れる、回る、あえぐ、震える、うなづく、あばれる、泣く、笑う、吠える、さえずる、どなる、わめく、答える、働く、踊る、吹く、降る、光る

---

[6] 这些条件只是一种倾向性的条件，并非没有例外。至于会出现什么样的例外，以及这些例外与动词的界定之间的关系还有待进一步研究。

[7] 值得注意的是，成对他动词中的他动词与「ている（た）」共现时，并非都用来表动作的持续。通常只有施事用做主语，动词用来表达施事动作时，「ている（た）」才会主要用来表动作的持续。

② 表不造成客体发生变化的主体动作的动词（客体に変化をもたらさない主体の動きを表すもの）。

たたく、殴る、ける、振る、つつく、はじく、投げる、なでる、さする、もむ、押す、引く、鳴らす、揺らす、回す、動かす、流す、飛ばす、食べる、飲む、吸う、なめる、かじる、吐く、読む、聞く、見る、言う、離す、数える、探す

③ 表造成客体发生变化的主体动作的动词（客体に変化をもたらす主体の動きを表すもの）。

開ける、閉める、作る、塗る、削る、こわす、つぶす、折る、割る、曲げる、巻く、しばる、破る、包む、建てる、直す、焼く、煮る、沸かす、殺す、染める、消す、変える、取る、掛ける、外す、倒す、落とす、寄せる、離す、入れる、出す、つける、上げる

而与「ている（た）」共现时表"变化结果的持续"的动词只有1类，这类动词很多相当于瞬间动词：

開く、閉まる、できる、こわれる、つぶれる、折れる、割れる、曲がる、破れる、建つ、直る、汚れる、あたたまる、煮える、沸く、死ぬ、染まる、消える、変わる、乾く、ぬれる、取れる、掛かる、外れる、倒れる、立ち上がる、落ちる、起きる、寄る、集まる、離れる、入る、出る、行く、来る、帰る、着く、でかける、現れる、太る、やせる、結婚する、就職する、入学する、馴れる、気づく、忘れる、おぼえる、決心する、あきらめる、着る、はく、かぶる、脱ぐ、きがえる

12.2.3 「Vている（た）」表义功能的模糊性

尽管可以根据动词的语义类型来判断「Vている（た）」的表义功能，但有很多时候「Vている（た）」的表义功能是模糊的。

即使是与同一个动词共现，「Vている（た）」并非只用来表一

个语义，有的时候可以表两个或两个以上的语义。比如「掘る」，当句中的宾语表受事时，「掘っている」通常用来表动作的持续，如，

（70）花子は芋を掘っている。（动作的持续）

当句中的宾语不表受事，而是用来表"产品"时，「掘っている」的语义是模糊的，既可以用来表动作的持续，也可以用来表结果状态的持续。比如，

（71）太郎は（隣で）穴を掘っている。（动作的持续）

（72）太郎は穴を（たくさん）掘っている。（结果状态的持续）

例句（66）「太郎は車を止めている」和（67）「太郎は車を壊している」中的「Vている」的语义实际上也是模糊的。"动作的持续"只不过是前景义而已，其背景义中还蕴含着表"结果状态的持续"义或"反复"义。（66）如果补上一些信息，说成「太郎は（路肩に）車を止めている」时，背景义蕴含的结果和状态义就会被激活。（66）说成「太郎は（毎日、この辺に）車を止めている」时，被激活的就是反复义了。

如果前景义和背景义同义，事情就不会这么复杂了，但是前景义和背景义在大多数情况下是不会同义的。如果日语学习者能够知道哪类语法标记在什么情况下会具有何种前景义和蕴含何种背景义，那么误用或使用不得体的现象一定会有所减少。

12.2.4 「犯人は犯行後ここでラーメンを食べている」的表义功能

在「Vている」的用法中，有一类与其他不同的用法。比如：

（73）初代駐日公使ハーバート・マーラーは、9月の赴任後、早くも11月末には関西学院を訪れ<u>ています</u>。[8]（例句17）

---

[8] 关西学院是由幼儿园和小中高大学组成，关西学院大学是关西学院下属的一个单位。这里的"学院"是教会教育机构的代名词。
例句(73)来自关西学院大学校史办的池田女士的一篇随笔。据池田女士说，「ハーバート・マーラー」只来过一次关西学院，之所以使用「訪れている」来表达，是为了想生动地表达来访这件事。

这种用法汉语是不会使用"正在""着""呢"等语法标记来表达的。因为这里的「Vている」既不表动作的持续，也不表结果状态的持续，而是用来表达过去曾经发生过的动作或事件。

「ハーバート・マーラー」只访问过一次关西学院，而且「訪れる」这个动词通常是不能用来表有持续义动作的，尽管如此，例句里却用「訪れている」来表达过去曾经发生过的一次性事件，却没有使用「訪れた」。

关于这种用法，藤井（1979）和尾上（1982）都认为这是用来表"经验"。藤井的"经验"指的是「過去の動作・作用を現在から眺めた場合に用いられるもの」，尾上的"经验"指的是「事態の傍観者の描写」。与此相对，工藤（1982a，1982b）认为这是用来表"现在依然有效的以前的动作行为"，并指出还包括两个小类：①表达以前实现的动作行为作为记录留至现在（以前に実現した運動が記録として現在残されていることを表している）。②表达以前实现的动作行为与现在的状态具有某种关联（效果，影响）（以前に実現した運動が現在の状態になんらかのかかわり（効果・影響）をもっていることを表している）。井上（2001）认为它用来表经验和记录。

无论是用来表"经验"，还是用来表"记录"，对日语学习者来说至少有两个首先需要解决的问题：

① 什么样的情况可以看做表"经验"或表"记录"？
② 根据什么标准来判断是否需要使用「Vている」来表"经验"或表"记录"？

这两个问题至今尚无答案。前人研究也仅仅告诉我们「Vている」存在这种用法，当其与某些时间词共现时，这种用法有的时候会被激活，有的时候会被排斥，并没有给出如何判断"经验"或"记录"的标准，也没有给出使用「Vている」来表"经验"或"记录"的条件。

12.3 研究者的解释与使用者的理解之间的差异

笔者曾经让学生[9]对太宰治的小说『走れメロス』中「Vた」和「Vている（た）」的使用情况做过一个调查，并要求以「Vている（た）」为例。调查人在抽取出所有「Vている（た）」的例句之后，根据前人研究给出的界定标准对例句中「Vている（た）」的语义进行分类。

39份调查报告中，竟然没有出现分类完全相同的报告。就连在看似十分简单的动作的持续和结果状态的持续的分类上，也出现了很大的分歧。特别是在判断「Vている」是否表"完成（パーフェクト）"上，分歧就更大了。

小说中有这么一个句子，「今は此のシラスクの市で、石工をしている」，39份报告对「石工をしている」的分类结果如下，

表12-1「石工をしている」的表义功能的分类

表义功能	数量
表动作的持续	10
表结果状态的持续	10
表现在依然有效的以前的动作行为	1
表记录	2
表单纯的状态	4
表反复	4
表习惯	1
表习惯/反复	2
按动词类型进行分类的	5
合计	39

造成这个现象可能会有两个原因，一个是学生没有吃透前人研

---

[9] 主要是关西学院大学国际学部2010年入学的一年级学生。其中包括文学部和法学部的部分学生，全体皆为日本人。

究；一个是前人研究没有给足具有排他性的分类条件，由此造成学生无法对「Vている（た）」进行正确的分类。

寺村（1982）给日本大学生和外国留学生出过这么一道题，要求学生从"选择词"中选择自己觉得合适的词汇填在括弧里，并允许重复选择[10]。

选择词：ル、タ、テイル、テイタ、イ、カッタ、ダ、ダッタ、
　　　　デアル、デアッタ、ノ

東京からずっと西に離れ（①）土地に隠棲のような生活を送っ（②）長府敦治のもとに、週刊誌のR誌が連載小説を頼みに来（③）のは、半分は偶然のようなものだった。

長府敦治は、五十の半ばを越し（④）作家（⑤）。若（⑥）全盛時代には、婦人雑誌に家庭小説や恋愛小説を書いて読者を泣かせ（⑦）もの（⑧）。まだテレビの無（⑨）ころだったから、彼の小説はすぐに映画化され、それが彼の小説の批判をさらに煽った。長府敦治の名前は、映画会社にとっても雑誌社以上に偶像的であった。

しかし、時代は変わった。新し（⑩）作家が次々と出て、長府敦治はいつの間にか取り残されてしまった。もはや、彼の感覚では婦人雑誌の読者の興味をつなぐことは出来なくなった。長府敦治の時代は二十年前に終わったといってもいい。ときどき短い読物や随筆を書くことで、その名前が読者の記憶をつないでいる程度になった。

彼は最盛期に建てた三田の家を整理し、所蔵の美術品を売り払い、現在では東京都下の山地に近い里に引っ込んでいた。交通の便が悪（⑪）ので、ここまでは物好きな編集者も足を運んでこなかった。雑誌社が彼に何か原稿を頼む際は電話で済ませ、それも出来上がった原稿を使いが取りに行くというのではなく、彼に速達で送らせた。

---

[10] 这段文章选自松本清张的小说，原作的答案是：①タ、②テイル、③タ、④テイル、⑤デアル、⑥カッタ、⑦タ、⑧デアッタ、⑨イ、⑩イ、⑪イ、⑫ダッタ、⑬タ。

長府敦治は、画家（⑫）妻を十年前に喪った。娘が二人い（⑬）が、これはむろん他家に片づいて、今は傭いの老夫婦と三人きりだった。

　学生的答案中，没有意见分歧的只有3处，③「頼みに来たのは」、⑦「泣かせたもので」、⑩「新しい作家が」，而其他10处至少出现了两个以上的答案。

　上面所举的两个事例说明日语的时体语法标记的表义功能在很多情况下是模糊的。尽管通常说话人会根据自己表达信息和传递信息的目的来选择语法标记，但是，当语法标记在表义功能上出现多义时，选择起来就会犹豫不决，出现多种选择的情况。

　另外，从上面的讨论中也可以看出，时体研究中有的时候会把语法研究范畴的问题和语义或语用研究范畴的问题混合在一起讨论[11]，于是学生就会由此把表时间概念的语法形式与该形式可能具有的表义功能混为一谈。比如，"过去""现在""将来""完整体""持续体""完成""反复""发现""想起""确认""命令""肯定""获得某种展望""决定""要求""表单纯的状态""动作的持续""变化结果的持续""现在依然有效的以前的动作·行为"这些概念有的是属于语法研究范畴的，有的是属于语义或语用研究范畴的，不在同一个层面上。

　一个语法形式往往可以用来表达两个以上的语义，同样，一个语义也往往可以用两个以上的语法形式来表达。比如，「Vた」不仅可以用来表时间概念，也可以用来表说话人的各种语气。在表达说话人确认的语气时，除了可以使用「Vた」外，还可以使用「Vのだ」、「Vのよね」等不同的形式。如果我们只是描述某个语法形式可以用来表达多少种语义，并不给出具有排他性的条件，那么，日语学习者依旧会觉得无所适从。

---

[11] 也许形式和语义无法截然分开。

思考题

[1] 请举例说明「Ｖた」用来表达什么样的时间概念？

[2] 请举例说明「Ｖている」用来表达什么样的时间概念？

本章参考文献

［１］赤羽根義章．アスペクト（相），テンス（時制）[M]．小池清治，小林賢次，細川英雄，犬飼隆編．日本語学キーワード事典．東京：朝倉書店，1997．

［２］庵功雄，高梨信乃，中西久実子，山田敏弘．中上級を教える人のための日本語文法ハンドブック[M]．東京：スリーエーネットワーク，2001．

［３］井上優．現代日本語の「タ」—主文末の「…タ」の意味について—[M]．「た」の言語学．東京：ひつじ書房，2001．

［４］奥田靖雄．アスペクトの研究をめぐって—金田一的段階—[J]．宮城教育大『国語国文』，8，1977．

［５］奥田靖雄．アスペクトの研究をめぐって（上）（下）[J]．教育国語53，54，1978．

［６］奥田靖雄．ことばの研究・序説[M]．東京：むぎ書房，1985．

［７］奥田靖雄．時間の表現(1)(2) [J]．教育国語 94，95，1988．

［８］尾上圭介．現代語のテンスとアスペクト[J]．日本語学 1巻2号，1982．

［９］金水敏．第1章 時の表現[M]//金水敏，工藤真由美，沼田善子．時・否定と取り立て．東京：岩波書店，2000．

[10] 金田一春彦．国語動詞の一分類[J]．言語研究，15，1950．

[11] 金田一春彦.日本語動詞のテンスとアスペクト[M].名古屋大学文学部研究論集.X（文学4），1955.
[12] 金田一春彦.日本語動詞のアスペクト[M].東京：むぎ書房，1976.
[13] 工藤真由美.シテイル形式の意味のあり方[J].日本語学 1-2，1982a.
[14] 工藤真由美.シテイル形式の意味記述[J].武蔵大学人文学会.武蔵大学人文学会雑誌 13-4，1982b.
[15] 工藤真由美.アスペクト・テンス体系とテクスト―現代日本語の時間の表現―[M].東京：ひつじ書房，1995.
[16] 工藤真由美.述語の意味類型とアスペクト・テンス・ムード[J].月刊 言語 12月号.東京：大修館書店，2001.
[17] 工藤真由美.現代語のテンス・アスペクト[M]//北原保雄監修,尾上圭介編集.朝倉日本語講座6 文法Ⅱ.東京：朝倉書店，2004.
[18] 定延利之.情報のアクセスポイント[J].月刊 言語 12月号.大修館書店，2001.
[19] 鈴木重幸.日本語の動詞のすがた（アスペクト）について―～スルの形と～シテイルの形―[M]//金田一春彦編（1976）.日本語動詞のアスペクト.東京：むぎ書房，1957.
[20] 鈴木重幸.日本語の動詞のとき（テンス）とすがた（アスペクト）―～シタと～シテイタ―[M]//金田一春彦編（1976）.日本語動詞のアスペクト.東京：むぎ書房，1958.
[21] 鈴木泰.改訂版 古代日本語動詞のテンス・アスペクト―源氏物語の分析―[M].東京：ひつじ書房，1992.
[22] 須田義治.現代日本語のアスペクチュアリテーの体系について[M].日本語と中国語のアスペクト.東京：白帝社，2002.
[23] 須田義治.現代日本語のアスペクト[M].海山文化研究所，2003.

[24] 須田義治. 現代日本語のアスペクト論 形態論的なカテゴリーと構文論的なカテゴリーの理論[M]. 東京：ひつじ書房，2010.

[25] 副島健作. 日本語のアスペクト体系研究[M]. 東京：ひつじ書房，2007.

[26] 高橋太郎. すがたともくろみ[M]//金田一春彦編（1976）. 日本語動詞のアスペクト. 東京：むぎ書房，1969.

[27] 高橋太郎. 現代日本語動詞のアスペクトとテンス[M]. 国立国語研究所. 東京：秀英出版，1985.

[28] 寺村秀夫. 'タ'の意味と機能[M]. 言語学と日本語問題. 東京：くろしお出版，1971.

[29] 寺村秀夫. テンス・アスペクトのコト的側面とムード的側面[J]. 日本語学12号. 明治書院，1982.

[30] 藤井正. 「動詞＋ている」の意味[M]//金田一春彦編（1976）. 日本語動詞のアスペクト. 東京：むぎ書房，1966.

[31] 村木新次郎. 日本語動詞の諸相[M]. 東京：ひつじ書房，1991.

[32] 森山卓郎. テンス・アスペクト[M]//日本語教育学会編. 新版日本語教育事典. 東京：大修館書店，2005.

[33] 吉川武時. 現代日本語動詞のアスペクトの研究[M]//金田一春彦編（1976）. 日本語動詞のアスペクト. 東京：むぎ書房，1973.

[34] 于康. 第十一章日语语法结构与语义研究[M]//翟东娜. 日语语言学. 北京：高等教育出版社，2006.

[35] 于康. 中国語母語話者の日本語習得プロセスコーパス[J]. 『中国語母語話者の日本語誤用コーパス』の構築と中国語母語話者の日本語誤用研究のストラテジー. 関西学院大学経済学部．エクス：言語文化論集7号，2011.

第13章

日语的致使句与致使句研究

日语的致使句（使役文）分为两大类。一类是词汇致使句（語彙使役），一类是语法致使句（統語使役）。词汇致使句通常指的是由他动词构成的具有致使义的句子。语法致使句指的是有语法标记「せる」「させる」共现的句子。

13.1 日语致使句的定义

日语致使句[1]的定义有两大类。一类是根据语法形式下的定义，一类是根据表义功能下的定义。

基于语法形式的定义：

（1）Yが「XがVする」という出来事を引き起こす場合、「YがXをVさせる」または「YがXにVさせる」という表現を用います。このような表現を含んだ文を使役文と言います。（『中上級を教える人のための日本語文法ハンドブック』庵功雄・高梨信乃・中西久実子・山田敏弘. 2001：126–143）

基于表义功能的定义：

（2）「あるものが、他のものが動詞の表わす動作を行なうよ

---

[1] 以下的行文中除非特殊需要之外,一般用"致使句"来表示语法致使句。

うにしむける、または動作を行なう原因となる」の意を表わす。(『日本文法大辞典』藤井.1994：281-282)

(3) 他のものに動作や状態を強いて、ある動作や状態を引き起こす表現。強いる主体を使役主格（ガ）、強いられる対象を被使役格（ニ・ヲ）という。なお、被使役格を主体とする文を基本文ということにする。また、使役文では理由格であるものが基本文では主格になる場合もある。(『日本語表現・文型事典』小池.2002：163)

(4) 「親を困らせる」「生徒に黒板を見させる」のように、動詞語幹に-(s)aseruをつけた述語をもち、事態が起こるよう仕向ける意味を表す文を使役文という。(『新版日本語教育事典』中畠.2005：112-113)

但是，与语法标记「せる」「させる」共现的致使句未必只能用来表强制（致使）义。比如：

(5) 寝こみを襲撃されると、素っ裸で逃げ出して吉野川に飛びこみ、朝まで水の中につかっていたという者や、裏の山へ隠れようとして足を滑らせ、崖から転落して大怪我をしたという侍など、いろいろの話が伝わっていて、たしかに周章狼狽したらしい。(YUKANG语料库)

(6) それにこの雨は米を腐らせるばかりやのうて、川も荒すし、流行病を跳梁させてますがや。(YUKANG语料库)

(7) 最后的这个问题让切尼显得比较轻松，笑得很开心。(北大语料库)

(8) 汉生的声音让他吓了一跳，因为他没有准备迎接这么响亮的声音。(北大语料库)

这些例句中表致使义的语法标记「せる」和"让"都不表示强制义，事件都是在无意之中发生的。也就是说，强制义只是致使句表义内容的一个部分，只用部分表义的内容来界定致使句显然是不严

谨的。

致使句是句法上的概念，界定致使句完全可以根据形式上的标准。凡是有「せる」「させる」共现的句子都可以看做语法致使句。但是，有语法标记共现的句子未必只用来表致使义，同样表致使义的句子未必都需要语法标记的共现。

13.2 日语致使句研究

日语致使句根据动词的类型、主语的类型、施事的类型等可以有各种各样的分类。虽然形式上依据的是句法特征，但分类的目的仍旧是为了划分表义功能，即具有不同句法特征的致使句可以用来表达何种语义。下面我们就以佐藤（1986）、森田（2002）、小池（2002）、早津（2004）为主来观察一下致使句研究中的一些主要的观点。这些观点对现在的致使句研究依旧起着非常重要的作用。

13.2.1 佐藤的观点[2]

佐藤（1986）将致使句分为"基本致使句（基本的な使役構造の文）"和"派生致使句（派生的な使役構造の文）"两大类。其次再将"基本致使句"分为"人作用于人的致使句（人間の人間にたいするはたらきかけの表現）"和"表因果关系的致使句（因果関係の表現）"两小类，将"派生致使句"再分为"向他动词句过渡的语法致使句（他動詞構造の文へ移行しつつあるもの）"和"向反身句过渡的语法致使句（再帰構造の文へ移行しつつあるもの）"两小类。"基本致使句"下的各个小类还可以继续再分为若干个小小类，如图13-1[3]。

---

[2] 本节的内容根据佐藤(1986)归纳而成，例句也来自佐藤（1986）。
[3] 由于"派生致使句"与本章内容无直接关系，所以暂不涉及。详细内容请参见佐藤（1986）的有关章节。

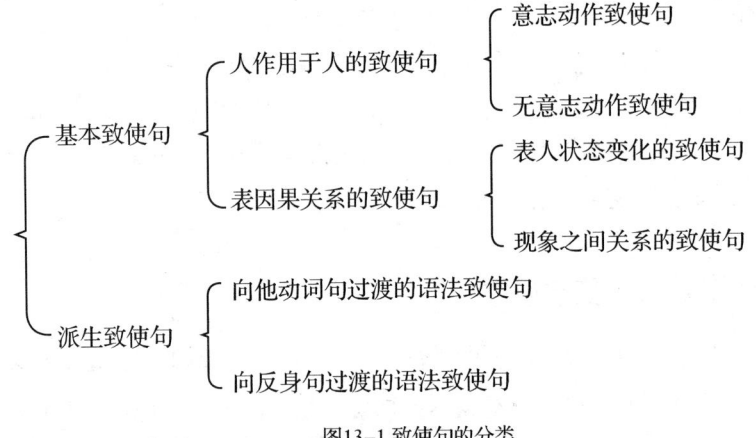

图13-1 致使句的分类

13.2.1.1 人作用于人的致使句

"人作用于人的致使句"可以再分为"意志动作致使句"和"无意志动作致使句"。

"意志动作致使句"根据动作的来源可以分为两类：

① 动作来源于致使者（動作の源泉が使役主体にあるばあい）。

② 动作来源于施事（動作の源泉が動作主体にあるばあい）。

比如：

（9） 巳之助はすぐ家にとってかえした。そしてそれからどうしたか。ねているかみさんをおこして、<u>いま家にあるすべてのランプに石油をつがせた。</u>

（10） <u>仁科子爵夫人に新調の紋服を自慢させる</u>ために結婚するにひとしい自分という者が、なんとも滑稽に、かわいそうになった。

例句（9）中的动作来自于致使者「巳之助」，这个句子属于"动作来源于致使者"的致使句。与此相反，例句（10）中的动作不是来自于致使者而是来自于施事「仁科子爵夫人」，所以这个句子属于"动作来源于施事"的致使句。

"动作来源于致使者"的致使句主要用来表达指令义（指令）、强制义（強制）、非意图性强制义（非意図的強制）、非本意强制义（強制＝不本意）等。指令义是中性的，不蕴含遭受不快义和蒙受损害义（非意図的めいわく付与），而强制义、非意图性强制义、非本意强制义都蕴含程度不同的遭受不快义和蒙受损害义。比如：

（11）老人は、いいわけをしてあやまりました。そして、小牛をあずかっておくことにして、下男に、物置のほうへつれていかせました。（指令义）

（12）あの日から四日たっていた。捨て子をした女が奥のサロンにきているはずだった。関口はあの時の巡査に、かならず子どもの母親をこさせるように厳重にいいつけておいた。（强制义）

（13）なぜって女秘書さんどももみんな私たちより利口で、事務にかけちゃ上手だけど、芸者が秘書より上手な点は対手にしゃべらせることができる口まえをもってることなのよ。（非意图性强制义）

（14）「あら。それを私今までだまってたの、わかる？女にこんなこといわせるようになったら、おしまいじゃないの。」（非本意强制义）

"动作来源于施事"的致使句由于动作来自施事，蕴含施事的愿望和要求（動作主体の欲求），因此，这个句式首先可以用来表达容许义（許容）和许可义（許可）。比如：

（15）この間は、隊長と准尉の間に次の休みに兵隊を外出させる、させないで意見のくいちがいがあり…

（16）なるほど、結婚式の花婿花嫁の乗った車では非常線の警官も、失礼しました、といって通過させるはずである。

其次，"动作来源于施事"的致使句还可以用来表达放任义（放

任）。放任义主要有两种：

① 有意放任（意図的放任）。

② 非意图性放任（非意図的放任）或非本意放任（放任＝不本意）。比如：

(17) 蔦次は米子に委細を<u>しゃべらせて</u>、へーえ、へーえときいてばかりいて、自分の意見はいわない。（有意放任）

(18) そこへちょうど岡田が通りかかって、帽をぬいで会釈をした。お玉は帯を持ったまま顔をまっかにして棒立ちにたっていたが、何もいうことができずに、岡田を<u>行きすぎさせてしまった</u>。（非意図性放任）

(19) 道雅は記憶力は人なみにもっているにかかわらず、他人と親しむことのまったくできない片輪な性質で、塾でも学校でもつきあうほどのものから爪弾きされ、結局は家において若隠居のように<u>暮らさせる</u>より他には道がなかった。（非本意放任）

这里需要强调的是，指令义、强制义、非意图性强制义、非本意强制义、容许义、许可义、放任义在很多情况下都是无法截然分开的。当某个语义处于前景义时，其背景义中就会蕴含其他的语义。

"无意志动作致使句"根据动作的来源分为两类：

① 动作来源于致使者的无意志动作致使句。

② 动作来源于施事的无意志动作致使句。

前者主要用来表达引起变化义（変化のひきおこし），后者主要用来表达搁置义（放置）。

"动作来源于致使者的无意志动作致使句"不仅可以表达人的生理性状态变化，还可以表达心理性状态变化。有的常常伴随有意造成的不快义和损害义（意図的めいわく付与）。比如：

(20) こんな無茶をやって、あとはいったいどうする気だろう。」「いよいよファッショ内閣でさ。」「とにかく、

達磨さんまで重傷させるなんてのは気狂いざたですよ。あとに何ができたって、それだけは世間で承服しませんや。」

（21）「太郎、だまっとくとよ、静子姉ちゃんをびっくりさせるのだから。」「うん、うん」と太郎がうれしそうにうなずいている。

（22）たんに自然の反応を目的にして試みる刺戟に対して、真偽の吟味などは、いらざる斟酌であった。しかしそこにはまたそれ相応の危険もあった。お秀はおこるにちがいなかった。ところがお秀をおこらせるということは、お延の目的であって、そうして目的でなかった。だからお延は迷わざるをえなかった。

但是，这类句式不是都伴随有意造成的不快义和损害义的，有的时候还可以伴随非意图性的或非本意的不快义和损害义（非意図的めいわく付与/不本意のめいわく付与）。这个语义容易激活搁置义和非本意义。比如：

（23）ちいさい子は、最初は一番パパやママを恋しがって手こずらせたが、じきこのあたらしい生活になれた。

（24）しかし、これはロジャンコ議長が迂闊にもその暗号に気づかずに、マリノフスキーを壇上で狼狽させる場面となる。

与"动作来源于致使者的无意志动作致使句"相比，"动作来源于施事的无意志动作致使句"首先可以用来表达有意搁置义和容许义（意図的放置、許容）。比如：

（25）親はなにも愛していないわけではないが、子どもをあまえさせたり、相手になってやったりするようなことができる暮らしではないんですね。

（26）毛利は初めあまり信用しなかった。当分、本人のいう通り泳がせてようすをみようというのである。

其次还可以用来表达非意图性搁置义（非意図的放置）和非本意搁置义（不本意の放置）。比如：

（27） こうして一人になって、こんなすさんだカフェーの二階で手紙を書いていると、一番胸にくるのは、老いた母のことばかりである。私がどうにかなるまで死なないでいてください。このままであの海辺で<u>死なせる</u>のはみじめすぎると思う。

（28） あとかたづけをしていたおばさんは、雑誌を手にとって、ゆき子の指さした目次を眺めた。おばさんは、おしげさんといった。二人の息子を<u>戦死させて</u>、魚の行商をやっていた。

13.2.1.2 表因果关系的致使句

佐藤以主语表物和表事件名词为条件，将表因果关系致使句分为两类：

① 自动词因果关系致使句（自動詞の使役）。
② 他动词因果关系致使句（他動詞の使役）。

然后又根据补足语（補語）的表义功能，将自动词因果关系致使句中的被致使者（使役の客体）分为4类：

① 表人（使役の客体が人間のばあい）。
② 表人的一部分或一个侧面（使役の客体が人間の部分・側面のばあい）。
③ 表结果/出现物（使役の客体が《結果＝出現物》のばあい）。
④ 表事件或物（使役の客体が《出来事・物》のばあい）。

佐藤以外因和内因为条件，认为因果关系有两类，一类是"基于外因的因果关系"，一类是"基于内因的因果关系"。

"基于外因的因果关系致使句"在表因果关系的致使句中最常见。用做主语的表物和表事件的名词用来表示引起心理状态变化的原因（原因）、条件（条件）、契机（きっかけ）、理由（理由）和动

机（動機）。比如：

（29）博覧会あとの雑草のはびこったくぼ地に、初夏のかっとした陽光でさらされ、あらむしろとぼろっきれのあいだから骨組の丸太や竹ざおをつきだして立っている小屋は、彼女を失望させた。

（30）妻を失った当時、岸本はもう二度と同じような結婚生活を繰り返すまいと考えた。両性の相剋するような家庭は彼を懲りさせた。

（31）湾の底部には人家があるかもしれなかったが、林にさえぎられて海岸は全然見えなかった。視野に人家がないことは、むしろ私を安堵させた。

这类致使句中用做主语的名词可以是表"风""雨""光""火""味"的名词，也可以是表"行为""表情""语言活动"的名词。

有生物用做主语的致使句也可以表因果关系，不过，是否表因果关系将受动词类型的制约。通常下类动词可以用来表因果关系。

（32）人が人を　いらだたせる　さわがせる　わらわせる
　　　　　　　嘆じさせる　　激昂させる　心服させる
　　　　　　　わずらわせる　おそれさせる　いやがらせる

与"基于外因的因果关系致使句"相比，"基于内因的因果关系致使句"中用做主语的名词通常表达人心理内部展开的事件（人間の内部で進行するできごと）和人的性质、状态、行为（人間に属する性質、状態、うごき）。

"基于内因所产生的结果"表人的行为时，多数用来表达无意志的心理和生理的现象或状态变化。比如：

（33）おれはそのとき深尾神父に言ってやったよ。社会から脱落した者たちがこのクララ村の住人になるなとな。劣等感が彼らを萎えさせてしまっている。クララ村は神父をふくめて怠け者を無気力者の天国だ。

183

（34）その晩、伸子は病的に切ない心持ちになって、佃さえさっそうとした態度であってくれたら、と思い、泣いた。生活において自分が孤独である、という<u>心持ちが彼女を泣かせた</u>。

除了表示心理状态的名词外，凡是表示意识活动（認知活動）、思考/想象活动（思考・想像活動）等名词用做主语时也可以用来表原因。比如：

（35）私がその腕から手を離すと、縄が盛り上がった。<u>皮膚の映像の消失は、私を安堵させた</u>。

（36）私はなんというひねくれ者であろうか。長い間の<u>忍耐が、私を何も信じさせなくしてしまいました</u>。

（37）そこへいっていったとき、鉄木真は灯火のあかりの中に、きらびやかな衣装をまとったボルテが、金国風のいすにきちんと腰かけているのを見た。四年の<u>歳月は鉄木真を変わらせた</u>ように、成長期の少女をもすっかり変わらせていた。

除此之外，佐藤还指出意志动词不仅可以用于表外因的因果关系致使句，同时也可以用于表内因的因果关系致使句。比如：

（38）「つめたいなあ」足から身内にあがってくる<u>冷気が、しぜんに三人にいわせるのであった</u>。（外因）

（39）彼はまた須永から彼と千代子との間がらを聞いた。そうして彼らはひっきょう夫婦として作られたものか、朋友として存在すべきものか、もしくはかたきとしてにらみ合うべきものかを疑った。その<u>疑いの結果は、半分の好奇と半分の好意を駆って彼を松本に走らしめた</u>。（内因=动机）

不过，要将内因和外因严格区分开来是很困难的，佐藤也承认这一点。因为，只要承认动机是客观世界在人的心理上的一种反映，那

么动机既可以看做外因，也可以看做内因。

当致使者和被致使者都是无生物时，有的可以用来表因果关系，有的并不表因果关系。佐藤将可否表因果关系归纳如下：

① 表因果关系的致使句。

    a. 《現象》が《現象・物》を。
       （40）青空の奥に傾きかかった陽が、やわらかな噴水のように開いた十数本の白い穂を、さらに柔らかく、真白に輝かせていた。

    b. 《現象》が《作用のおよぶ場所》を。
       （41）ふと、南の丘の向こう側の方を、KからHへ行く十時何分かの終列車が、月夜の世界の一角をとどろかせ、揺るがせて通り過ぎた。

    c. 《できごと》が《組織・団体》を。
       （42）世界情勢の急変が、モスクワをふいに硬化させたのだ。

    d. 《ことがら》が《ことがら》を。
       （43）…不況がつづけば、大企業は当然採用停止と操業短縮の手段にでる。これは労働者の賃金格差を増大させる。

    e. 《属性・要素・側面》が《全体》を。
       （44）おそらく世界中の犯罪の半数またはそれ以上が、金にからむ各種の事件であるだろうと思われる。貨幣制度はやがて人間社会を崩壊させるかもしれない。

    f. 意味づけ。
       （45）額にも頬にもやがて消えてゆく不鮮明なしわが、獣じみた肉感をにじませている。

② 不表因果关系的致使句。

  g. 物・現象とその存在形態の関係。

  h. 場所と出現物、ふたつの場所の位置関係。

   （1）《場所》が《物》を

   （2）《場所》が《場所》を

  i. 論理的な関係。

  j. 全体＝部分・側面の関係（物とその状態）。

   （3）《物》が《部分》を

   （4）《物・現象・場所》が《側面》を

   （5）《物》が《付属物》を

13.2.2 森田的观点[4]

森田（2002）根据与他动词句和自动词句的对应关系，将致使句分为5类：

第1类

 ①「Aガ自V」/②「BハAヲ他V」/③「BハAヲ自Vせる」

  a组

  ①成立/②不成立/③成立

  ①いい匂いがする/②×/③いい匂いをさせている

  b组

  ①成立/②成立/③成立

  ①匂いが漂う/②匂いを漂わす/③匂いを漂わせる

第2类

 ①「AハBニ/デ自V」/②「BハAヲ他V」/③「BハAヲ自Vせる」

  a组

  ①成立/②不成立/③成立

  ①彼は彼女にうっとりする/②×/③彼女は彼をうっとりさせる

---

[4] 本节的内容根据森田(2002)归纳而成，例句也来自森田(2002)。为了便于理解对原文做了一些改写。

b组

①成立/②成立/③成立

①彼は事件に悩む/②事件が彼を悩ます/③事件が彼を悩ませる

第3类

①「Aガ自V（相当于）」/②「BハAヲ他V」/③「BハAヲ他Vせる」

①成立/②成立/③成立

①その点が詳しくなる/②その点を詳しくする/③その点を詳しくさせる

①息子が教師になる/②息子を教師にする/③息子を教師にさせる

第4类

①×/②「AハBヲ他V」/③「BハAヲ他Vせる」

a组

①不成立/②成立/③成立

①×/②友達が私を心配した/③私は友達を心配させた

b组

①不成立/②成立/③句义不同或不成立

①×/②友達が私を笑った/③私は友達を笑わせた（句义不同）

①×/②友達が私を誘った/③×

第5类

①×/②「BハCにAヲ他V（使役+受身）」/③「CハBにAヲ他Vせる」

①不成立/②成立/③成立

①×/②子供は親に薬を飲まされた/③親が子供に薬を飲ませた

然后，森田（2002）又根据致使句的表义功能，将致使句分为10类：

① 表因果关系（因果関係）。

（46）小さな穴が堤防を決壊させた。

(47) 失言が大臣を失脚させた。
② 表结果（結果）。
(48) 茶柱を立たせる。
(49) やあ、待たせたね。
③ 表责任或功绩（責任・手柄）。
(50) 読ませる小説。
(51) 聞かせる喉。
(52) 息子を戦死させてしまった。
(53) 子供を大学に合格させた。
④ 表诱发（誘発）。
(54) 親を悲しませる不肖の息子。
(55) はらはらさせるね。
⑤ 表搁置（放置）。
(56) ご飯を腐らせてしまった。
⑥ 表放任（放任）。
(57) 泣きたいだけ泣かせる。
⑦ 表容许（許容）。
(58) 褒美に海外旅行に行かせる。
⑧ 表指令（指令）。
(59) 科学者が雨を降らせる。
(60) コロンブスが卵を立たせる。
(61) 誘導尋問で犯人を吐かせる。
⑨ 表致使（使役）。
(62) コンピューターに計算させる。
(63) 病妻を無理に働かせる。
⑩ 表及物性（他動性）。
(64) 成金が札束をちらつかせる。
(65) 頭を働かせる。

13.2.3 小池的观点[5]

小池（2002）将致使句称做致使表达（使役表现），并认为致使表达可以分为6个句型（文型）：

① 自动词致使句（自动词使役文）。

通常用来表"直接容许致使（直接许容使役）""直接强制致使（直接强制使役）"和"间接结果致使（间接结果使役）"。

② 他动词致使句（他动词使役文）。

通常用来表"直接强制致使"和"直接放任致使（直接放任使役）"。

③ 强装门面致使句（见せ挂け使役文）/逞强致使句（强がり使役）。

通常用来表"直接放任致使"。

④ 拟人法致使句（拟人法使役文）/无生物致使句（非情の使役）。

通常用来表"间接结果致使（间接结果使役）"。

⑤ 强加于人致使句（押し付け使役文）/谦让致使句（谦让使役）。

通常用来表"间接容许致使（间接许容使役）"。

⑥ 致使被动致使句（使役受身文）。

通常用来表"直接强制致使"。

这6个句型可以分别归类于4类致使句之下。这4类致使句是：

① 自动词致使句。
② 他动词致使句。
③ 强加于人致使句/谦让致使句。
④ 致使被动致使句。

---

[5] 本节的内容根据小池（2002）归纳而成，例句也来自小池（2002）。

13.2.3.1 自动词致使句

自动词致使句还可以分为两类,见图13-2。

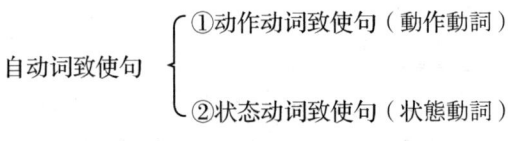

图13-2 自动词致使句的分类

自动词致使句中的"动作动词致使句"属于直接致使句(直接使役),还可以再分为两类,见图13-3。

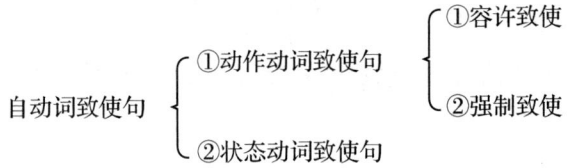

图13-3 动作动词致使句的分类

"容许致使(許容使役)"用来表致使者容许施事想要实现某种愿望的意思。"强制致使(強制使役)"用来表致使者不考虑施事的意向,自己想要实现某种动作或行为的意思。

被致使者用「に」来标记时通常表容许致使,比如「父親が息子に大学へ行かせる」。被致使者用「を」来标记时通常表强制致使,比如「父親が息子を大学へ行かせる」。但是,当动词为他动词时,由于他动词句法的要求,无论是表容许致使还是表强制致使被致使者都用「に」来表示。

自动词致使句中的状态动词致使句可以再分为3类,见图13-4。

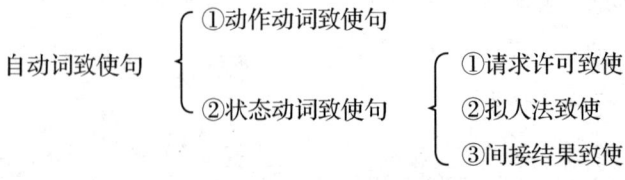

图13-4 状态动词致使句的分类

当致使句表"请求许可致使（許可を求める表現）"时，句中的致使者通常不出现，如果被致使者是说话人或句子的作者时，可以省略。比如：

（66）私をこの部屋に居させてください。

（67）この部屋に居させてください。

当致使句表"拟人法致使（擬人法使役）"时，致使者通常被拟人化。这种拟人法致使不是日语固有的用法，而是受外文翻译影响产生的。由于充当主格的不是有生物，所以也称做无生物致使。比如：

（68）背の高さが彼をひときわ目立たせた。

在状态动词致使句中，还可以看到下面这样的句子：

（69）母親が子供を不注意で死なせてしまった。

（70）母親の不注意が子供を死なせた。

例句（69）属于间接致使句。小池认为这类致使句与「母親が不注意で子供に死なれてしまった」不同，被动句中蕴含对母亲的同情，而间接致使句则表达了对母亲粗心的责备。

例句（70）属于拟人法致使，由于不是日语固有的说法，所以在口语中通常是不用的。

13.2.3.2 他动词致使句

他动词致使句还可以分为4类，见图13-5。

他动词致使句 ①强制致使句
②强装门面致使句/逞强致使句
③放任致使句
④「させてください」致使句

图13-5 他动词致使句的分类

"强制致使句"用来表致使者的意图。比如：

（71）母親が子供に牛乳を飲ませた。

"强装门面致使句/逞强致使句"有的时候也被称做"放任致使

（放任使役）"。比如：

（72）佐々木が敵に兜を射させた。

小池指出，在例句（72）中，让敌人射中头盔并非是有意的，这个句子是利用希望被射中的表达方式来掩盖自己的失态。所以称之为"强装门面致使句"或"逞强致使句"。

"放任致使句"属于容许致使的一种。所容许的事情在道德上或教育上都被看做是不妥当的。比如：

（73）母親が子供にファミコンを好きなだけやらせる。

"「させてください」致使句"指的是致使者为听话人，被致使者为说话人，而且两者皆可以省略的致使句。比如：

（74）ここに自転車を置かせてください。

13.2.3.3 强加于人致使句/谦让致使句

这类致使句在字面上看似已经征得对方的许可和同意，实际却相反，是将许可和容许强加于对方，因此称之为"强加于人致使句"。不过，由于这个句式还与表谦让义的「いただく」共现，所以，也称之为"谦让致使句"。比如：

（75）明日午後にでも、伺わせていただきます。

13.2.3.4 致使被动致使句

"致使被动致使句"指的是下面这样的句子。

（76）私が会社を髭のことで辞めさせられた。

13.2.4 早津的观点[6]

早津（2004）也将致使句称做致使表达（使役表現），认为致使表达可以用来表达各种不同的意思，这些意思有的是致使表达的核心义，有的远离核心义。

早津给最基本的致使表达做了一些规定，其定义如下：

---

[6] 本节的内容根据早津(2004)归纳而成，例句也来自早津(2004)。为了便于理解对原文做了一些改写。

第 13 章　日语的致使句与致使句研究

最基本的致使表达指的是致使主体用做主语，致使对象用做「に」格或「を」格补足语，致使动词「V-(s)aseru/-(s)asu」用做谓语的「XがYに/を（Zを）V-(s)aseru/-(s)asu」句式。用来表达"某人（致使主体）对别人（致使对象=动作主体）发出要求，促使该人实施某种意志动作，并由此引发该人的意志动作[7]"。

比如：

（77）彼は下婢に言付けて、階下から残った洋酒を運ばせた。

（78）では早速TBSに連絡して、局の人をそちらに行かせるよ。

（79）妻は…赤児を差しつけて、それを自分に抱かせようとした。

由于最基本的致使表达将直接作用于致使对象，因此，当该作用强度大时表命令义（命令），当该作用强度弱时表委托义（依頼）和劝诱义（勧め）。除此之外，致使表达还可以用来表达以下各种语义。

① 表容许和许可（「許容・許可的」な使役）。

（80）子供が留学したいというので2年間だけという約束でアメリカに行かせた。

（81）学外者については、紹介状と申請書のある者にのみ図書館を使わせる。

这个用法里还包括"有意放任（意図的な放任）"和"非本意放任（不本意な放任）"两类。比如：

（82）返事をするのも面倒なので女房に勝手に喋らせておいた。

---

[7] 人（使役主体）が他者（使役対象=動作主体）に意志動作の実行を促す要求的な働きかけをしてその他者の意志動作を惹き起こす、という事態を、使役主体を主語とし、使役対象をニ格・ヲ格の補語とし、使役動詞「V-(s)aseru/-(s)asu」を述語とする構造「XがYに/を（を）V-(s)aseru/-(s)asu」で表現する》ものを基本的な使役表現と考える。（2004: 129）

> （83）満州から引きあげてくるときに二歳の息子に大怪我をさせてしまいました。
>
> （84）なぜ娘を自殺させることになったのか夫婦は今もわからない。

② 表因果关系（「因果関係的」な使役）。

> （85）先生の話しぶりのおだやかさが緊張していたみんなを<u>なごませた</u>。
>
> （86）<u>長引く不況</u>が人々に買物を<u>控えさせている</u>。

③ 表致使者的动作[8]。

> （87）母親は子供に靴下を<u>はかせ</u>、抱き上げて椅子に<u>すわらせた</u>。
>
> （88）助産婦は赤ん坊の握っている小さな手を<u>ひらかせて</u>、てのひらをふいた。

④ 表消极放任Y的状态变化的及物性致使（消極的に「Y」の状態変化を放置したりという「他動的」な使役）。

> （89）ブランデーをふりかけたバナナを冷凍庫で<u>凍らせる</u>。
>
> （90）料理をする時間がなく買っておいた牛肉を<u>腐らせて</u>しまった。

13.3 日语致使句研究的遗留问题

从上面对日语致使句研究的考察来看，除了「XがYに/をVせる/させる」可以看做界定日语语法致使句的标准外，其他的语义标准都无法用来准确地界定日语的语法致使句。而且，语法致使句表义功能的划分也没有一个客观的标准，大多数情况下需要依靠语境的帮助。

---

[8] 「X」が「Y」に直接手を下すことによってその動作を成り立たせることになる（早津2004：131）。

对语境理解的不同,将会造成语法致使句表义功能的划分因人而异。

研究并弄清致使者和被致使者的语义特征可以帮助我们划分致使句的表义功能。致使者和被致使者的语义特征至少可以有如下几种组合:

第1组致使句

	[人]	[物]	[事件]
致使者	+	−	−
被致使者	+	−	−

第2组致使句

	[人]	[物]	[事件]
致使者	+	−	−
被致使者	−	+	+

第3组致使句

	[人]	[物]	[事件]
致使者	−	+	+
被致使者	+	−	−

第4组致使句

	[人]	[物]	[事件]
致使者	−	+	+
被致使者	−	+	+

比如,第1组致使句通常可以用来表强制义、许可义、容许义和放任义,这些语义包括有意的和无意的以及非本意的。与此相比,第4组致使句通常不会用来表上述语义,而是用来表因果关系义,即致使者表原因,谓语表结果。

第2组致使句和第3组致使句在表义功能上具有各自的偏向性。但是,究竟在何种条件下哪类语义可以处于前景,其背景义中可以蕴含哪类语义,包括第1组致使句和第4组致使句在内,似乎还有待于进一步探讨。

而且，如果对语义特征再做详细的分类，也许可以找出各类语义的区别特征，以此归纳出在何种语义特征的情况下，哪类语义可以首先被激活和该语义可能会蕴含的其他语义，以及在何种条件下，蕴含义才会被激活，从背景义走向前景义。另外，致使者和被致使者的共现条件，即必须共现和无需共现的条件也还需要进一步研究阐明。

思考题

[1] 请举例说明致使者为[+人][–物][–事件]时，致使句可以用来表达什么意思？

[2] 请举例说明什么是表因果关系的致使句？

本章参考文献

［1］庵功雄，高梨信乃，中西久実子，山田敏弘.中上級を教える人のための日本語文法ハンドブック[M].東京：スリーエーネットワーク，2001.

［2］小池清治.使役表現[M]//小池清治，小林賢次，細川英雄，山口佳也.日本語表現・文型事典.東京：朝倉書店，2002.

［3］佐藤里美.使役構造の文—人間の人間にたいするはたらきかけを表現するばあい—[J].言語学研究会.ことばの科学1.むぎ書房，1986.

［4］佐藤里美.使役構造の文(2)—因果関係を表現するばあい—[J].言語学研究会.ことばの科学 4.むぎ書房，1990.

［5］柴谷方良.6.2　使役構文[M]//柴谷方良.日本語の分析.東京：大修館書店，1978.

［6］寺村秀夫.日本語のシンタクスと意味　第Ⅰ巻[M].東京：くろしお出版，1982.
［7］中畠孝幸.使役[M]//日本語教育学会.新版日本語教育事典.東京：大修館書店，2005.
［8］西村義樹.第Ⅱ部　行為者と使役構文[M]//中右実，西村義樹.日英語比較選書5　構文と事象構造.東京：研究社，1998.
［9］早津恵美子.第5章　使役表現[M]//尾上圭介.朝倉日本語講座6　文法Ⅱ.東京：朝倉書店，2004.
［10］藤井正.使役[M]//松村明.日本文法大辞典.東京：明治書院，1971.
［11］宮地裕.三　せる・させる―使役＜現代語＞―[M]//松村明.古典語現代語　助詞助動詞詳説.東京：学燈社，1969.
［12］森田良行.日本語文法の発想[M].東京：ひつじ書房，2002.

第14章

日语的被动句与被动句研究

人们在表述一个事件的时候，会选择各种不同的表达方式。其中，被动句（受身文/受動文）也是一个具有普遍性的句式。不过，尽管大多数语言都使用被动句来表述事件和传递信息，但各自选择被动句的动机未必完全相同。

日语和汉语中都有被动句，但是，在表述事件和传递信息时，是否使用被动句，两者之间存在着不小的差异。比如：

（1a）従業員に<u>休まれた</u>。（森田1995）

（1b）×被工人<u>休息了</u>（不来上班了）。

（2a）帰りを雨に<u>降られて</u>本郷の村落のとっつきの百姓家にその晴間を待ったこともある。（YUKANG语料库）

（2b）×归途中，因为<u>被雨下</u>，也曾在在本乡的一个村庄的村头农家避过雨。

（3a）多くの学校や会社で運動会が<u>予定されていた</u>ようだったが、あいにく朝から雨が降った。（YUKANG语料库）

（3b）×很多学校和公司好像都<u>被预订了</u>运动会，但没想到早上开始下起雨来了。

例句（1）和（2）用的都是自动词被动句，例句（3）是他动词被动句。但这3个例句中日语通过被动句所要表述的信息，汉语是不会选择被动句来表达的。

日语被动句的研究有很多角度。比如，"句法角度""语义角度""语用角度""语言对比角度""日语教学角度"等等。从句法角度来研究日语的被动句，前人研究给我们提供了非常厚实的研究积累，无论是历时研究还是共时研究都已经挖掘得很深了。但是，与句法角度的研究相比，其他角度的研究还有待于不断深入。

14.1 日语被动句的定义和分类

日语被动句的界定大多数学者都依据语法标记，即"凡是与表被动的语法标记「れる」或「られる」共现的句子皆可称做被动句"。因此，下面的句子也都属于被动句。

（4）次郎が太郎になぐられた。

（5）次郎が太郎に頭をなぐられた。

（6）太郎は恋人に背広をほめられた。

（7）隣の人に椅子に座られてしまった。

另外，还可以根据各种不同的标准对被动句进行分类[1]。比如：

① 根据是否有语法标记共现可以分为：

    a. 有标被动句（有標受身文）。

    b. 无标被动句（無標受身文）。

② 根据论元共现的制约可以有两种分类，一种是三分法，一种是两分法。

    三分法：

    a. 直接被动句（直接受身文）。

    b. 间接被动句（間接受身文）。

    c. 所有者被动句（持ち主の受身）。

---

[1] 详细内容请参见金水（1993）。

两分法[2]：
 a. 直接被动句（直接受身文）。
 b. 间接被动句（間接受身文）。
③ 根据主动句宾语和被动句主语之间的关系可以分为：
 a. 升格被动句（昇格受動文）。
 b. 降格被动句（降格受動文）。
④ 根据主语的语义特征可以分为：
 a. 有生物主语被动句（有情物主語受身文）。
 b. 无生物主语被动句（無情物主語受身文）。
⑤ 根据表义功能可以分为：
 a. 一般被动句（まともな受身文）。
 b. 受害被动句（被害受身文／はた迷惑受身文）。
⑥ 根据历史用法可以分为：
 a. 日语固有被动句（日本語の固有の受身文）。
 b. 日语非固有被动句（日本語の非固有の受身文）。

14.2 有标被动句与无标被动句

"有标被动句"指的是有语法标记「れる」或「られる」共现的被动句，"无标被动句"指的是没有语法标记「れる」或「られる」共现，语义上表被动义的被动句。比如：

（8）太郎が私服警官に<u>逮捕された</u>。
（9）太郎が現行犯で警察に<u>捕まった</u>。

例句（8）和（9）两个句子都用来表述"太郎被警察抓起来了"这个事件。（8）的谓语动词采用了被动句的语法标记「れる」，是有标被动句。与此相比，（9）的被动义蕴含在词汇义当中，是无标

---

[2] 金水（1993）的分类中间接被动句包括两类，一类是保留宾语被动句（ヲ格残存受身），一类是自动词被动句（自動詞の受身）。

被动句，同类的动词还有「かぶる、蒙る、浴びる、負う、もらう、あずかる、授かる」等[3]。

主语表受事不表施事这个特点不仅可以从有标被动句中观察到，而且也可以从无标被动句中观察到。可以说是有标被动句和无标被动句的一个共同的句法特点。由于非宾格自动词句也具备这个特点，因此从某种意义上讲，非宾格自动词句似乎也可以看做无标被动句。不过，这个问题牵涉到语法研究的体系问题，还需慎重考虑和探索。

14.3 直接被动句与间接被动句

直接被动句指的是可以还原为主动句的被动句。比如：

（10）次郎が太郎になぐられた。

（11）太郎は次郎をなぐった。

例句（10）是被动句，例句（11）是主动句。（10）的被动句可以非常容易地还原为（11）。

间接被动句指的是没有主动句对应的被动句。比如：

（12a）水天宮へ出かけて行った店の<u>若い人たちが</u>、<u>雨に降られて</u>どかどかと帰って来た時分には、お庄もお鳥の帰りが待ち遠しいような気がして来た。（YUKANG语料库）

（12b）×雨は水天宮へ出かけて行った店の若い人たちを降って

（13a）彼女は全く歩行する能力をも失ったかのようにして人々の肩にかつがれ、輿に乗せられて生贄を送るというふうに、<u>親たちに泣かれて</u>嫁いだのであった。（YUKANG语料库）

（13b）×親たちは、彼女を泣いて

（14a）<u>僕は何物かに頭を叩かれた</u>。（YUKANG语料库）

（14b）×何物かが僕を頭を叩いた。

---

[3] 具体请参见寺村（1982：205-254）。

例句（12a）（13a）（14a）都无法还原为主动句。因此，这类被动句都被看做间接被动句。

14.4 有关日语被动句分类的前人研究

日本被动句的研究中有很多非常经典的学说，比如松下（1930）、三上（1953）、铃木（1972）、寺村（1982）、益冈（1987，1991，2000）、工藤（1990）、村木（1991）、野田（1991）、仁田（1992，2002）、影山（2006）等。但是，由于篇幅限制这里无法一一涉及，下面主要介绍寺村、益冈、工藤、仁田和影山的学说，其他学说请参见有关参考文献。

14.4.1 寺村的观点

寺村（1982）基本继承了佐久间和三上的分类[4]，将日语的被动句分为两大类：

① 直接被动句（直接受身）。
② 间接被动句（間接受身）。

"直接被动句"指的是主格名词受谓语动词词干所表示的动作的直接影响，并具有相对应主动句存在的被动句。"间接被动句"指的是主格名词所受的影响是间接的，而且没有相对应主动句存在的被动句。以日语为母语的人可以立刻判断哪类动词能够构成直接被动句，寺村认为这是因为在以日语为母语的人的知识结构中，直接被动句「YがXにV（れる／られる）」与主动句「XがYを/にVP」是一种配对的概念。

用来构成被动句的动词可以根据动作涉及的"对象（対象）"分为3类：

① 动作涉及的对象指"受事"的动词。

---

[4] 请参见寺村（1982：217）

比如，「Yを殺す」「Yを愛する」

② 动作涉及的对象指"对方"的动词。

比如，「Yに会う」「Yに賛成する」

③ 动作涉及对象指"另一方"的动词。

比如，「Yと結婚する」「Yと衝突する」

①类动词都能够构成直接被动句。②类动词除了少数动词外，大多数能够构成直接被动句。③类动词不能构成直接被动句。

尽管间接被动句没有主动句与其相对应，但主格成分将会受到谓语所表示的事态的影响，这一点与直接被动句是相通的。构成间接被动句的动词，既可以是自动词，也可以是他动词。比如[5]：

（15）おらあ八つの年，大鋸町で夏火事にあい，両親と妹に<u>焼け死なれた</u>。

（16）車に遊び場を<u>奪われた</u>子どもたちのために

寺村认为，间接被动句通常只用来表示对主格名词所指的事物（一般情况下指人）来说，或是一件麻烦事，或是令人厌恶的事，或是为难的事，或是不如意或不高兴的事。与此相反，直接被动句可以用于所有的场合。

14.4.2 益冈的观点

益冈（1987）以形式标记为依据，将日语的被动句分为两类：

① に格被动句（二格受動文）。

② 非に格被动句（非二格受動文）。

"に格被动句"指的是能够与"に格名词短语（二格名詞句）"共现的被动句，"非に格被动句"指的是不能与"に格名词短语"共现的被动句。这两类被动句，依据句法功能还可以称做：

① 升格被动句（昇格受身文）。

② 降格被动句（降格受身文）。

---

[5] 例句来自寺村1982，下线为作者添加。

"升格被动句"指的是主动句中「Nが」以外的论元在被动句中以「Nが」的形式出现的被动句,"降格被动句"指的是主动句中「Nが」在被动句中以「Nが」以外的形式出现的被动句。比如:

(17)兄が太郎をしかった。

如果用树形图表示,如图14-1。

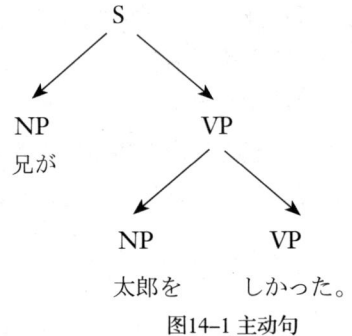

图14-1 主动句

在图1中,主语「兄が」与宾语「太郎を」的句法位置是不同的。主语在上,宾语在下。例句(17)可以变换成被动句,如例句(18)。

(18)太郎が兄にしかられた。

句中成分之间的关系如图14-2所示。

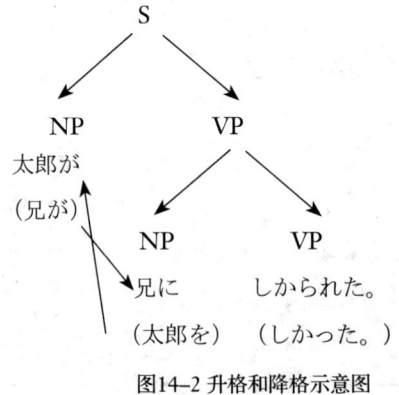

图14-2 升格和降格示意图

主动句中的主语成分在被动句中出现在主语以外的位置时，就等于由高层向低层发生了移动，这个现象通常称做"降格"。因此，主动句（17）中的主语「兄が」在被动句（18）中以「兄に」的形式出现在补足语的位置上时，等于主动句的「兄が」被降了格，由主语降成了补足语「兄に」。相反，主动句中的宾语成分在被动句中出现在主语的位置时，就等于由低层向高层发生了移动，这个现象通常称做"升格"。因此，主动句（17）中的宾语「太郎を」在被动句（18）中以「太郎が」的形式出现在主语的位置上时，等于主动句的「太郎を」被升了格，由宾语升到了主语。

升格被动句还可以分为两类：

① 受影响被动句（受影受動文）。
② 属性表述被动句（属性叙述受動文）。

"受影响被动句"指的是某种存在或某种事件的结果会造成心理上的或物理性的影响的被动句。"属性表述被动句"指的是某种对象具有某种属性的被动句。

益冈的被动句分类可以用图14-3来表示。

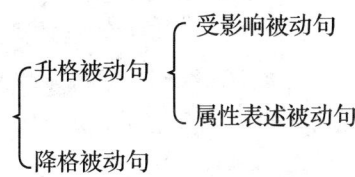

图14-3 益冈的被动句分类

14.4.3 工藤的观点

工藤（1990）认为日语被动句的研究有5个需要解决的问题[6]：

① 主动句与被动句的对立是否能在所有的动词中观察到？
② 被动句中主语和施事的共现条件，主动句和被动句的对立与参与者的语义特征之间具有何种关系？

---

[6] 文字表述上做了若干删减和修改。

③ 被动句在口语和书面语中具有怎样的使用差异？
④ 主动句与被动句在句法和语义上是如何对立的？
⑤ 被动句与自动词句之间呈现怎样的语义连续统？

工藤指出日语的被动句可以根据视点的不同存在各种类别的分类。根据与主动句的对应关系，比如主动句的何种成分在被动句用做主语，可以分为"当事者被动句（当事者受動文）"和"关系者被动句／蒙受不利被动句（関係者受動文／不利益受動文）"两大类和若干小类，如图14-4。

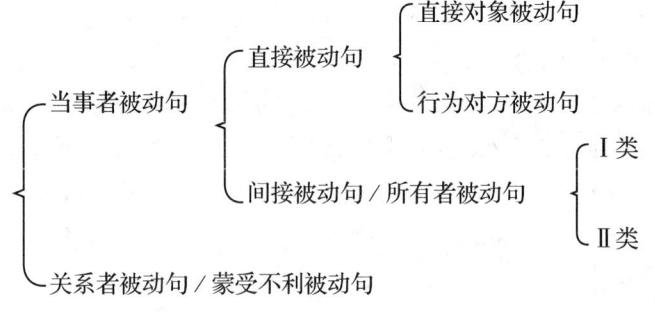

图14-4 工藤的被动句分类

"直接被动句（直接受動文）"指的是主动句中的宾语在被动句中用做主语的被动句。"间接被动句（間接受動文／持ち主受動文）"指的是主动句宾语的定语（規定語），即「Nの」在被动句中用做主语的被动句。

"直接对象被动句（直接対象受動文）"指的是主动句中「Nを」在被动句中用做主语的被动句。"行为对方被动句（相手受動文）"指的是主动句中「Nに」「Nから」在被动句中用做主语的被动句。例句（19）和（20）是直接对象被动句，例句（21）~（23）是行为对方被动句。

（19）花子が（太郎に）殺される。

→太郎が花子を殺す。

（20）ロープが切られる。
　　　→太郎がロープを切る。
（21）花子が（太郎に）かみつかれる。
　　　→太郎が花子にかみつく。
（22）花子が（太郎に）手紙を渡される。
　　　→太郎が花子に手紙を渡す。
（23）花子が（太郎に）罰金をとられる。
　　　→太郎が花子から罰金をとる。

"间接被动句"还可以再分为两个小类。一类是「NのNを」中的「N（の）」在被动句中用做主语的间接被动句，一类是「NのNに」「NのNから」中的「N（の）」在被动句中用做主语的间接被动句。前者用做主语的成分既可以是人也可以是物，但后者用做主语的只限于人。例句（24）和（25）是「NのNを」中的「N（の）」用做主语的间接被动句，例句（26）和（27）是「NのNに」「NのNから」中的「N（の）」用做主语的间接被动句。

（24）花子が（太郎に）子供を殺される
　　　太郎が花子の子供を殺す
（25）武蔵が（敵戦闘機群に）舵機を壊される
　　　敵戦闘機群が武蔵の舵機を壊す
（26）花子が（太郎に）顔に墨をつけられる
　　　太郎が花子の顔に墨をつける
（27）花子が（太郎に）頭から水をかけられる
　　　太郎が花子の頭から水をかける

"关系者被动句/蒙受不利被动句"指的是下面这类被动句。

（28）花子は太郎に死なれる
　　　×太郎が花子を死ぬ（太郎が死ぬ）
（29）花子は太郎に酒を飲まれる
　　　×太郎が花子に酒を飲む（太郎が酒を飲む）

根据主语的语义特征和施事（工藤用「行為者」来表示）是否出现，被动句可以分为两大类：

① 主语表人被动句（人受動文）。
② 主语表物被动句（もの受動文）。

"主语表人被动句"指的是被动句中主语的语义特征为［＋人］［－物］的被动句，"主语表物被动句"指的是被动句中主语的语义特征为［－人］［＋物］的被动句。主语表人被动句中当需要施事共现时，施事将以"施事＋に"来表示。与此相反，主语表物被动句中的施事通常是不能以"施事＋に"来表示的。

被动句中，施事不是都需要显现的。根据施事是否显现，主语表人被动句和主语表物被动句各自具有两个同样的小类：

① 施事显现被动句（行為者明示受動文）。
② 施事非显现被动句（行為者非明示受動文）。

大类和小类之间的关系可以用表1来表示。但是，表14-1所示的4种被动句的类型并非在任何场合都是可以使用的。在口语和书面语中会有如表14-2的限制。

表14–1 被动句的4种类型

	A主语表人被动句	B主语表物被动句
Ⅰ施事非显现被动句	AⅠ太郎がきられた	BⅠ紅白のテープがきられた
Ⅱ施事显现被动句	AⅡ太郎が次郎にきられた	BⅡ紅白のテープが社長によって（社長の手で）きられた

表14–2 被动句在口语和书面语中的使用限制

	口语	书面语
AⅠ主语表人施事非显现被动句	○	○
AⅡ主语表人施事显现被动句	○	○
BⅠ主语表物施事非显现被动句	△	○
BⅡ主语表物施事显现被动句	×	○

也就是说，当主语为表人的被动句时，无论是用于口语还是用于书面语，施事既可以出现，也可以不出现。但是，当主语为表物的被动句时，在口语中施事通常是不出现的。

14.4.4 仁田的观点

仁田（1992）将日语的被动句分类3类：

① 一般被动句或直接被动句（まともの受身・直接受身）。

② 所有者被动句（持ち主の受身）。

③ 第三者被动句或间接被动句（第三者の受身・間接受身）。

仁田（2002）将上述3类重新进行了整理，结果如下：

① 直接被动句。

② 间接被动句。

③ 所有者被动句。

"直接被动句"指的是将施事以外的成分（比如动作的受事）置于主语位置使其充当主角，将施事从主语位置撤下来使其充当配角的被动句。比如：

（30）先生がA君をほめた。

（31）A君が先生にほめられた。

（30）是主动句，（31）是被动句。在主动句（30）中，「先生」是主语表施事，充当主角，「A君」是宾语表受事，充当配角。与其相比，被动句（31）中，「A君」虽然表受事，但出现在主语的位置上，由主动句的配角变成了主角，而「先生」虽然表施事，但出现在补足语的位置上，由主动句的主角变成了配角。也就是说，让什么成分来充当主角，让什么成分来充当配角，这是界定主动句和直接被动句的一个条件。

下面这些例句也都属于直接被动句。

（32）陽子は洋平にほれられている。←洋平が陽子にほれている。

（33）陽子は洋平から花束を贈られた。←洋平が陽子に花束を

贈った。

（34）花束が洋平から陽子に贈られた。←洋平が陽子に花束を贈った。

（35）雑誌に新説が発表された。←誰かが雑誌に新説を発表した。

（36）母は病気に悩まされつづけた。←病気が母を悩ましつづけた。

在仁田的直接被动句中，如上面的例句所示，包括一些在其他前人研究中被看做保留宾语的被动句。

"间接被动句"指的是源泉句[7]中未曾出现的第三者出现在主语的位置上，并受到源泉句所表示的事件间接影响的被动句。比如：

（37）先生は、廊下で学生に騒がれて困った。

（38）廊下で学生が騒いだ。

（37）是间接被动句，（38）是（37）的源泉句。（37）和（38）所表示的事件是不同的。如（38）所示，「騒ぐ」构成的句子只需施事「学生」的共现便可以成立，而「先生」并没有参与「学生が騒ぐ」这个事件。但是在（37）中，与事件无关的第三者「先生」出现在主语的位置上，以此表示「先生」遭遇了（38）所表示的事件，并受到该事件的间接影响。下面这些例句也都是间接被动句。

（39）私は通行人に子供を殴られた。←通行人が子供を殴った。

（40）洋平は博に先に陽子に花束を贈られてしまった。←博が先に陽子に花束を贈った。

（41）僕は雨に降られて困った。←雨が降った。

（42）Aさんは腹心の部下に倒られてしまった。←腹心の部下が倒れた。

（43）洋平は陽子に結婚されて悲しんでいる。←陽子が他の誰

---

[7] 源泉句指的是被动句发生的来源句。

かと結婚した。

（44）僕は彼に先に論文を発表されてしまった。←彼が先に論文を発表した。

与直接被动句中相同，在仁田的间接被动句中，如例句（39）（40）和（44）所示，也包括一些在其他前人研究中被看做保留宾语的被动句。

"所有者被动句"指的是源泉句中用来表示「Nを」「Nに」所有者的名词置于「Nが」位置的被动句。比如：

（45a）憲二は頭を広志に殴られた。

（45b）広志が憲二の頭を殴った。

（46a）僕は電車の中で、隣の客に肩に寄り掛かられた。

（46b）隣の客が僕の肩に寄り掛かった。

在（45b）和（46b）这两个句子里，「憲二」是「頭」的所有者，「僕」是「肩」的所有者。但在被动句（45a）和（46a）中，主动句中用做定语的「憲二」和「僕」都出现在主语「Nが」的位置上，而源泉句中位于主语「Nが」位置上的「広志」和「隣の客」在被动句都出现在补足语的位置上。

也就是说，所有者被动句增加了一个必有论元。而且这个必有论元一定是由原来「を格」「に格」名词短语中用来表示所有者的定语来充当的，并一定位于被动句主语「Nが」的位置。「Nが」所表示的人物将直接受到动作的影响。比如，「憲二は頭を広志に殴られた」与「憲二は広志に殴られた」相比，除了隐去了具体被打的部位外，"宪二被广志打了"这个事实并没有改变。"宪二"与"头"之间为不可分离的关系，"头"被打了，也是"宪二"被打了，"宪二"直接受到"打"这个动作的影响。

但是，在仁田的分类中，「Nは＋Nに＋NをVれ・られる」这个句式不仅可以用做所有者被动句，也可以用做其他类型的被动句。比如：

（47）洋平は雄太に肩を叩かれた。

（48）洋平は通行人に息子を叩かれた。

在仁田的分类中，（47）是所有者被动句，而（48）不是所有者被动句，属于间接被动句。这是因为（47）「洋平は雄太に肩を叩かれた」与省略「肩を」后的「洋平が雄太に叩かれた」同义，都表示「洋平が叩かれた」这个事实。但是，（48）就不同了。如果去掉「息子を」，说成：

（49）洋平が通行人に叩かれた。

显然，（48）「洋平は通行人に息子を叩かれた」与（49）「洋平が通行人に叩かれた」不同义。被打的不是「洋平」，而是他的儿子。

仁田认为间接被动句和所有者被动句最大的不同在于间接被动句蕴含两个事件，而所有者被动句只蕴含一个事件。所有者被动句的主语表示的是该事件的当事人，而且，位于主语位置的成分直接受到动作的影响。与此相比，间接被动句的主语只受到源泉句所表事件的间接影响。也就是说，两者的不同起因于两者的蕴含义的差异。

14.4.5 影山的观点

影山（2006）认为日语的被动句研究中存在两种理论：

① 派生源相同理论。

直接被动句和间接被动句基本上都是由［主语［補文］られる］这个结构派生的。

② 派生源不同理论。

直接被动句是由与其对应的主动句中的宾语名词移动派生出来的，而间接被动句是由［主语［補文］られる］这个结构派生出来的。

运用派生源相同理论研究被动句的学者将被动句分为两类：

① 间接被动句。

（50）［私は［突然，雨に降ら］れた］

② 直接被动句。

（51）［私iは［突然，彼にei振ら］れた］ [8]

影山（2006）根据有生物（表人名词）用做主语，并且是否存在空范畴名词e的位置这个标准将被动句分为两类：

① 事件受影响被动句（出来事受影受身文）。
② 行为受影响被动句（行為受影受身文）。

其后，又将要求典型的无生物用做主语的被动句分为4类：

① 状态变化被动句（状態変化受身）。
② 所有变化被动句（所有変化受身）。
③ 性质变化被动句（性質変化受身）。
④ 状态性被动句（状態性受身） [9]。

"事件受影响被动句"中的主语不是主动词（主動詞）直接要求共现的论元，句中不存在e，主语表示的人物和主动词表示事件是两个相互独立的存在，主语单方面受到主动词表示的整个事件的影响。"事件受影响被动句"相当于以往所说的"间接被动句"。比如：

（52）［私は］［雨に降ら］れた [10]。

（53）［亭主は］［女房に死な］れた。

（52）中的「私は」不是主动词「降る」直接要求共现的论元，句中没有e的位置，「私」和「雨が降る」是两个独立的存在，「私」单方面受到「雨が降る」这个事件的影响。而（53）中的「亭主」和「女房」之间看起来好像具有所有关系，但是，「女房」是「死ぬ」的主语，直接与"死"相关的是「女房」，而不是「亭

---

[8] 当句中出现两个"i"时，后一个"i"表示前一个"i"原来的或可以出现的位置。比如，（57）中后一个"i"表示移动到了主语的位置「私i」在主动句中所在的位置。这两个"i"表示同指关系。

[9] 影山（2006：203）在解释什么是"典型的无生物（典型的に非情物）时指出，"『典型的に非情物』というのは，要するに動詞の意味的な選択制限に還元される性質であり，動詞によっては生き物でもよいこともある"。因此，严格地讲，这类被动句并非完全只允许无生物用做主语。

[10] 本节例句皆来自影山（2006）。

主」。由于主动词表示的事件单方面指向被动句的主语，所以在语用上很容易产生遭受不快和蒙受损害等意思。

"行为受影响被动句"指的是主语表示的有生物直接受到施事行为影响的被动句。比如：

（54）［子どもiが］［イヌにei噛ま］れた。

（55）［私はi］［スリにeiの財布をすら］れた。

（54）中的有生物主语「子ども」直接受到施事「イヌ」的行为「噛む」的影响，（55）中的有生物主语「私」直接受到施事「スリ」的行为「する」的影响。之所以说主语所表示的有生物会直接受到主动词句的影响，这是因为主语和主动词句中的空范畴名词（e）为同指关系。这个句式可以归纳为（56）。

（56）［主語i］［動作主に…ei主動詞］（ら）れる

这类句式未必会产生遭受不快和蒙受损害义，如「子供は先生に絵を誉められた」所示，也可以用来表示受益义。

影山认为无论是事件受影响被动句还是行为受影响被动句，句中的动词既可以表持续动作（継続活動），也可以表蕴含受事变化的完成事件（完結的事態）。比如：

（57）事件受影响被动句

  a. 主动词表持续动作

   子供に一晩中泣かれた。

  b. 主动词表完成的变化

   有能な社員にたった半年で辞められてしまった。

（58）行为受影响被动句

  a. 主动词表持续动作

   彼女は恋人に長い髪を何十分も引っ張られた。

  b. 主动词表完成的变化

   彼女は，あっと言う間に恋人に長い髪を短く切られてしまった。

与此不同，当主语为无生物时，被动句中的动词只限于状态变化动词（状態変化動詞）。如果将无生物主语被动句中的动词换成表持续体的作用动词时，句子或不能成立，或会非常不自然。比如：

（59）隣の家が突風に屋根を

①吹き飛ばされた。　②×吹かれた。

（60）きれいな花が酔っぱらいにあっと言う間に

①踏みつぶされた。　②×踏まれた。

（61）ベルリンの壁が市民達にあっと言う間に

①たたき壊された。　②×たたかれた。

"状态变化被动句"指的是主动词表示的事件将造成主语名词的状态发生变化的被动句。这类被动句既可以用于表示将某物从某物中取出的"取出义"，也可以用于表示将某物装在某处的"安装义"。比如：

（62）サゴヤシは雨風にその内部を削り取られた。

（63）基準を満たしたバナナだけが（検査官に）シールを貼られ，さらに細心の注意をもって輸送，日本に届きます。

（64）彼のプライドは心ない人に傷を付けられた。（→傷つけられた）

（65）その年はマスコミに「改革元年」と名を付けられた。
　　　（→名付けられた）

"所有变化被动句"指的是像双宾语被动句中表终点的名词用做主语的被动句。双宾语句的特点是句子蕴含位移物位移至终点义，即发生"所有权位移（所有の転移）"。比如：

（66）卒業生が校長先生から卒業証書を手渡された。

（67）優勝者は会長（に／から）金メダルを与えられた／贈られた。

因此，当句子不蕴含"所有权位移"义时，便不能看做双宾语句，而只能看做表目标的场所句（場所句）。比如：

（68a）ジョンは彼女（の家）に荷物を送った。

（68b）彼女はジョンに荷物を送られた。

例句（68a）中不蕴含"所有权位移"义，因此，当这个句子说成被动句（68b）时，只能用来表示"事件受影响"义，即「彼女」被「ジョン」单方面寄来「荷物」，由此受到某种影响，而不表「荷物」的所有权位移。因此，（68a）不是双宾语句。

双宾语句构成被动句时，有两种形式：

（69）校長先生が卒業生に卒業証書を手渡した。

（70）卒業証書が校長先生から卒業生に手渡された。

（71）卒業生が校長先生から卒業証書を手渡された。

一种是双宾语句中的直接宾语「卒業証書」用做主语的被动句，如（70）所示；一种是双宾语句中的间接宾语「卒業生」用做主语的被动句，如（71）所示。（70）不蕴含"所有权位移"义，是一般的被动句。与此相反，（71）蕴含"所有权位移"义，属于所有变化被动句。

"性质变化被动句"指的是主语名词与「Nに」「Nで」指示的对象构成一种物理性的一体关系，主动句「Nを」表示的物体由此出现一种新状态的被动句。比如：

（72a）新雪が山頂を覆った。

（72b）山頂は新雪（に／で）覆われた。

（73a）深い堀が城を囲んでいた。

（73b）城は深い堀（に／で）囲まれていた。

（74a）深い霧が森を包んだ。

（74b）森は深い霧（に／で）包まれた。

以例句（72）为例，（72b）中的主语名词「山頂が」与「新雪に」或「新雪で」构成物理性的一体关系，表示主动句中的「山頂を」出现了一种新的状态。之所以说构成物理性的一体关系，这是因

与此不同，当主语为无生物时，被动句中的动词只限于状态变化动词（状態変化動詞）。如果将无生物主语被动句中的动词换成表持续体的作用动词时，句子或不能成立，或会非常不自然。比如：

（59）隣の家が突風に屋根を

①吹き飛ばされた。 ②×吹かれた。

（60）きれいな花が酔っぱらいにあっと言う間に

①踏みつぶされた。 ②×踏まれた。

（61）ベルリンの壁が市民達にあっと言う間に

①たたき壊された。 ②×たたかれた。

"状态变化被动句"指的是主动词表示的事件将造成主语名词的状态发生变化的被动句。这类被动句既可以用于表示将某物从某物中取出的"取出义"，也可以用于表示将某物装在某处的"安装义"。比如：

（62）サゴヤシは雨風にその内部を削り取られた。

（63）基準を満たしたバナナだけが（検査官に）シールを貼られ，さらに細心の注意をもって輸送，日本に届きます。

（64）彼のプライドは心ない人に傷を付けられた。（→傷つけられた）

（65）その年はマスコミに「改革元年」と名を付けられた。
（→名付けられた）

"所有变化被动句"指的是像双宾语被动句中表终点的名词用做主语的被动句。双宾语句的特点是句子蕴含位移物位移至终点义，即发生"所有权位移（所有の転移）"。比如：

（66）卒業生が校長先生から卒業証書を手渡された。

（67）優勝者は会長（に／から）金メダルを与えられた／贈られた。

因此，当句子不蕴含"所有权位移"义时，便不能看做双宾语句，而只能看做表目标的场所句（場所句）。比如：

（68a）ジョンは彼女（の家）に荷物を送った。

（68b）彼女はジョンに荷物を送られた。

例句（68a）中不蕴含"所有权位移"义，因此，当这个句子说成被动句（68b）时，只能用来表示"事件受影响"义，即「彼女」被「ジョン」单方面寄来「荷物」，由此受到某种影响，而不表「荷物」的所有权位移。因此，（68a）不是双宾语句。

双宾语句构成被动句时，有两种形式：

（69）校長先生が卒業生に卒業証書を手渡した。

（70）卒業証書が校長先生から卒業生に手渡された。

（71）卒業生が校長先生から卒業証書を手渡された。

一种是双宾语句中的直接宾语「卒業証書」用做主语的被动句，如（70）所示；一种是双宾语句中的间接宾语「卒業生」用做主语的被动句，如（71）所示。（70）不蕴含"所有权位移"义，是一般的被动句。与此相反，（71）蕴含"所有权位移"义，属于所有变化被动句。

"性质变化被动句"指的是主语名词与「Nに」「Nで」指示的对象构成一种物理性的一体关系，主动句「Nを」表示的物体由此出现一种新状态的被动句。比如：

（72a）新雪が山頂を覆った。

（72b）山頂は新雪（に／で）覆われた。

（73a）深い堀が城を囲んでいた。

（73b）城は深い堀（に／で）囲まれていた。

（74a）深い霧が森を包んだ。

（74b）森は深い霧（に／で）包まれた。

以例句（72）为例，（72b）中的主语名词「山頂が」与「新雪に」或「新雪で」构成物理性的一体关系，表示主动句中的「山頂を」出现了一种新的状态。之所以说构成物理性的一体关系，这是因

为在这类被动句中「Nに」或「Nで」是不能省略的,否则句子将不能成立。比如:

(75) ×山頂は覆われた。

(76) ×城が囲まれていた。

(77) ×森は包まれた。

用来构成这类被动句的动词都蕴含施事义和致使义。允许保留宾语。比如:

(78) 富士山は山頂を新雪(に/で)覆われていた。

(79) 城はその周囲を深い堀(に/で)囲まれていた。

(80) 森はほぼ全体を深い霧(に/で)包まれた。

"状态性被动句"指的是由「構成する、占める、含む」这类不受时间影响用来表示恒久性状态的动词构成的被动句。比如:

(81) 水は水素と酸素で構成されている。

(82) 国土の大半が山地で占められている。

(83) DHAは青魚に多く含まれている。

这类被动句中「Nで」或「Nに」是必有论元,不能省略。比如:

(84) ×水は構成されている。

(85) ×国土の大半が占められている。

(86) ×DHAが含まれている。

而且,这类「構成される」「占められる」构成的被动句中也存在用来表示部分关系的保留宾语被动句。比如:

(87) その物質はほとんどの部分を水素と酸素で構成されている。

(88) 日本の国土は大半を山地で占められている。

14.5 日语被动句分类的尝试

通过上面的讨论可以发现,日语被动句的分类实际上并没有一个

统一的标准，一个相同句式的被动句会出现多种分类。被动句的分类需要有一个统一的标准，这样才能有助于研究，同时也有助于日语的学习和教学。寻找统一的标准，比较有效的应该是形式上的标准。这是因为依据形式分类可以避免因人而异的语用分类的随意性。

14.5.1 根据动词的类型来分类

根据动词的类型可以把日语的被动句分为两大类：
① 他动词被动句。
② 自动词被动句。

他动词被动句还可以再分为"宾语升格被动句"和"保留宾语被动句"两类。自动词被动句也可以再分为"非作格自动词被动句"和"非宾格自动词被动句"两类。可以用图14-5来表示。

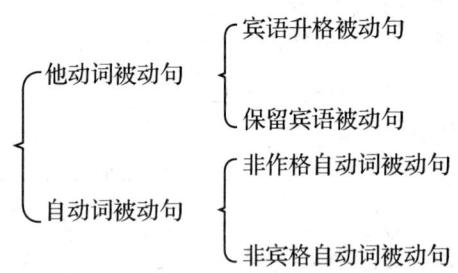

图14-5 依据动词类型的被动句的分类设想

这种分类对日语学习者来说容易理解，而且，标准统一。问题是正如我们在他动词和自动词的章节所讨论的，他动词和自动词的界定并非一件易事，而且语种不同，他动词（及物动词）和自动词（不及物动词）的概念也不尽相同，如何解决这个问题是今后需要研究的课题。

14.5.2 以主语为标准来分类

根据工藤和影山的思路可以按照主语的语义特征把日语的被动句

分为两大类：

① 有生物主语被动句。

② 无生物主语被动句。

"有生物主语被动句"还可以再分为"有生物主语他动词宾语升格被动句""有生物主语他动词保留宾语被动句""有生物主语非作格自动词被动句"和"有生物主语非宾语自动词被动句"4类。

"无生物主语被动句"还可以再分为"无生物主语他动词宾语升格被动句"和"无生物主语他动词保留宾语被动句"4类。分类关系可以用图14-6来表示。

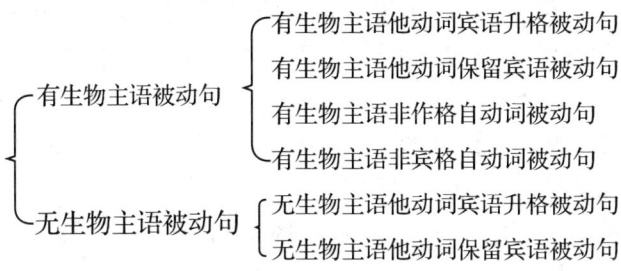

图14-6 依据主语语义特征的被动句的分类设想

从逻辑上讲，"无生物主语被动句"还可以有"无生物主语非作格自动词被动句"与"无生物主语非宾格自动词被动句"两类，但由于尚无发现例句，所以暂且省略。

14.6 从日译汉或汉译日角度研究日语的被动句

对于以汉语为母语的人来说，研究日语的被动句还有一个十分重要的视点就是从无法译成汉语的日语被动句和无法译成日语的汉语被动句着手。日语不仅非作格自动词被动句中有很多汉语无法使用被动句来表达的句子，他动词的被动句中也有不少汉语通常是不用被动句来表达的句子。比如：

（89）男は今年1月…、1区間分250円の料金しか払わずに正規

料金との差額2700円をだまし取った<u>疑いが持たれている</u>。（2009年3月26日10時3分配信　読売新聞）

（90）日本側からは、新聞や放送、その他の方法を通じて<u>調査が北朝鮮内で周知される</u>ようにまずしてほしい。（外務委員会147回第2号　平成12年3月22日）

（91）私は、<u>そんなこと</u>はいつまでもいつまでも<u>許される</u>ことでは絶対にないと思うんですよ。（外務委員会147回第2号　平成12年3月22日）

　<u>上述这些例句中</u>的「疑いが持たれている」「調査が北朝鮮内で周知される」「そんなことは許される」汉语通常是不会使用被动句来表达的。比如，「調査が北朝鮮内で周知されるようにまずしてほしい」一句，汉语是不会说成"首先我们希望调查一事在朝鲜国内被大家都知道"的，而通常会用主动句来表达，说成"首先我们希望朝鲜国内都知道我们开展调查一事"。

　也就是说，日语中可以或必须使用被动句来表达的信息，汉语有时是不能用被动句来表达的。特别是影山所说的由「構成する」「占める」「含む」构成的"状态性被动句"「水は水素と酸素で構成されている」「DHAは青魚に多く含まれている」通常汉语也都不会使用被动句来表达的。这就说明日语的被动句和汉语的被动句在表义功能上存在差别。

　同样，汉语的被动句中，也有不少日语是不能被动句来表达的。比如[11]：

（92）章子怡"<u>被包养</u>"、徐静蕾"<u>被吸毒</u>"、赵薇"<u>被怀孕</u>"、王菲"<u>被复出</u>"……这一系列事件，没有一样不是先捕风捉影再到逐渐平息，最终又化被动为主动，要么澄清，要么就既成事实。（HP）

---

[11] 详见林璋（2010）。

这是现在在中国的网络上十分流行的一种说法，类似的还有"被捐款""被失踪""被自愿""被自杀""被就业""被上市""被恋爱""被分手"等。这些被动句中动词看起来似乎是指的施事的动作，但实际上与施事完全无关，是在施事不知情的情况下被别人捏造出来的。

显然，这些汉语的说法日语是不能用「Vれ・られる」来表达的，最多也只能说成「…とされている」。另外，值得注意的是，汉语这类被动句"除了自己不知道，被别人捏造出来"的用法之外，有的还蕴含「Vさせられる」义。比如：

（93）2010寡妇年，今年你"被结婚"了吗？（人民网2009年12月8日）

林璋（2010）认为"被结婚"有两个意思。一个在自己不知道的情况下被别人捏造出的自己结了婚，一个是自己不想结婚，而是被家人或环境强迫结婚。

也许有人会认为这是一种调侃的说法。但是，从语法研究角度来看却是一个非常有意思的现象。关键是为什么这种说法汉语可以出现，而且必须使用被动句，而日语却不能使用被动句或要受到句法上的一些限制。这说明在选择被动句还是主动句来表述事件和传递信息的时候，以日语为母语的人和以汉语为母语的人在选择思路上存在差异。换句话说，日语的被动句和汉语的被动句都存在对方语言所没有的表义功能。因此，从汉语被动句与日语被动句对比这个角度出发，也许有助于发现只从日语角度研究日语被动句所不易发现的问题。比如：

① 汉语不能用被动句表达的日语被动句[12]。
② 日语不能用被动句表达的汉语被动句。

---

[12] 这里的"被动句"指有标被动句。

③ 日语和汉语都可以用被动句表达，但表义功能不同或不尽相同的日语被动句。
④ 日语和汉语都可以用被动句表达，但汉语必须添加一些语法成分才可以完句或达意的日语被动句。

思考题

[1] 请任意选择被动句的两种前人研究，比较并说明两者之间在分类上的异同。
[2] 请举例说明日语用被动句表达，而汉语不能用被动句表达的日语被动句。

本章参考文献

[1] 奥津敬一郎. 不可分離所有と所有者移動[J]. 東京都立大学国語国文学会. 都大論究 第20号，1983.（奥津敬一郎.『連体即連用? 日本語の基本構造と諸相』に再録. ひつじ書房，2007.）

[2] 影山太郎. 日本語受身文の統語構造——モジュール形態論からのアプローチ—[J]. レキシコンフォーラム No.2. ひつじ書房，2006.

[3] 金水敏. 受動文の固有・非固有性について[J]. 近代語研究 第9集. 武蔵野書院，1993.

[4] 工藤真由美. 現代日本語の受動文[J]. 言語学研究会. ことばの科学 4. むぎ書房，1990.

[5] 鈴木重幸. 日本語文法・形態論[M]. 東京：むぎ書房，1972.

［6］寺村秀夫.日本語のシンタクスと意味第1巻[M].東京：くろしお出版，1982.

［7］西山佑司.日本語名詞句の意味論と語用論—指示的名詞句と非指示的名詞句—[M].東京：ひつじ書房，2003.

［8］仁田義雄.持ち主の受身をめぐって[M].藤森ことば論集.大阪：清文堂出版，1992.

［9］仁田義雄.辞書には書かれていないことばの話 もっと知りたい！日本語[M].東京：岩波書店，2002.

［10］野田尚史.日本語の受動化と使役化の対称性[J].筑波大学大学院人文社会科学研究科.文藝言語研究.言語篇 19，1991.

［11］益岡隆志.命題の文法—日本語文法序説—[M].東京：くろしお出版，1987.

［12］益岡隆志.受動表現と主観性[M]//仁田義雄.日本語のヴォイスと他動性.東京：くろしお出版，1991.

［13］益岡隆志.第5章 叙述の類型から見た受動文[M]//益岡隆志.日本語文法の諸相.東京：くろしお出版，2000.

［14］松下大三郎.標準日本口語法[M].東京：中文館書店，1930a.

［15］松下大三郎.改撰標準日本文法[M].東京：中文館書店，1930b.

［16］三上章.現代語法序説シンタクスの試み[M].東京：刀江書院，1953.（復刊.くろしお出版，1972.）

［17］村木新次郎.日本語動詞の諸相[M].東京：ひつじ書房，1991.

［18］森田良行.日本語の視点—ことばを創る日本人の発想—[M].東京：創拓社，1995.

［19］森田良行.日本語文法の発想[M].東京：ひつじ書房，2002.

［20］山内博之.日本語の受身文における「持ち主の受け身」の位置づけについて[J].日本語教育学会.日本語教育2号，1997.

［21］林璋.中日両言語における動作主主語受動文[J].日中言語研究

と日本語教育 第3号. 好文出版，2010.

[22] 于康. 日汉所有关系被动句与所有物共现的语义条件[J]. 对外经济贸易大学. 日语学习与研究 第4期，2009.

第15章

日语的否定句与否定表达的研究

在人类的思维系统中，肯定与否定是一对相互对立的概念。肯定与否定除了全部肯定和全部否定外，还存在部分肯定和部分否定。

当人们需要使用语言来表述上面这些概念时，就会选择相应的句式。不过，这里有一点需要注意的是，语言上的否定形式与说话人否定义的表达有的时候不对应。也就是说，语言上的否定形式未必只用来表否定，也可以用来表肯定或其他的意思。比如，「じゃない」，在语言形式上是否定形式，虽然如「かれはオレの親友じゃない」所示可以用来表否定，但如例句（1）所示，也可以表其他意思。

（1）「出ようか」食事のあとのシャーベットを食べ終えたところで、風野が腰を浮かすと、「待って。まだいいじゃない、せっかくきたのに」（書き言葉均衡コーパス）[1]

同样，说话人在表达否定意思的时候，未必都使用否定句。比如：

（2）自殺図ろうにも無理だから、安心して。（YUKANG语料库）

（3）（いやいや）私は顔の前で手を振って、否定の意味を強調しながら言った。（書き言葉均衡コーパス）

例句（2）通过「無理だ」的词汇义来表达说话人的否定意思，

---

[1] 日本国立国語研究所編『現代日本語書き言葉均衡コーパス』モニター公開版（2009）。

例句（3）通过对动作的描述来表达说话人的否定意思。

否定与肯定未必是一一对称的[2]。有很多否定词或否定句是找不到与其对称的肯定形式的。在选择表达否定的语言形式时，必须面对"怎么否定"和"否定什么"这两个问题。因此，这也就成了否定句和否定表达研究的重要课题。

但是，"怎么否定"和"否定什么"在不同的研究领域中各自所指的内容是不同的。在语法研究中，"怎么否定"指的是词汇和语法上的否定形式，"否定什么"指的是在句子中否定形式所否定的对象。在语义和语用研究中，"怎么否定"指的是说话人在表达否定意思时所选择的表达方式，"否定什么"指的是说话人需要否定的实际对象，而这个对象未必是由句子中的某个成分来承担的。

15.1 日语否定的表达形式——怎么否定

从语言形式上来看，日语表达否定时有两种形式，一种是词汇否定，一种是语法否定。

15.1.1 日语的词汇否定形式

词汇否定指的是词汇本身包含否定义词缀的词或直接用来表否定义的词，比如[3]：

（4）ない

（5）不幸せだ、無関心だ、非常識だ、未婚だ

（6）だめだ、無理だ

（7）すまない、否めない、腑に落ちない

（8）言いかねる、言い難い、言いそびれる、言い損なう

例句（4）中「ない」词典中称做形容词，单独作谓语，直接用

---

[2] 并非所有的否定都存在对应的肯定形式，比如，「不慣れだ」「不揃いだ」「無関係だ」「無関心だ」就没有对应的肯定形式（工藤2000a：104）。

[3] 详见工藤（2000a）。森田（2002：258）认为「否-，非-，不-，無-，反-」都是表否定的词缀。

来表否定。由于这个「ない」通常用来表达存在和所有的否定，所以汉语为母语的日语学习者常常会认为等同于汉语的"没（有）"。比如：

（9） 彼の部屋にはクーラーが<u>ない</u>。/他的房间<u>没有</u>空调。
（10） 風が<u>ない</u>。/<u>没有</u>风。
（11） 味が<u>ない</u>。/<u>没有</u>味道。
（12） 太郎には兄弟が<u>ない</u>。/太郎<u>没有</u>哥哥和弟弟。
（13） 電話が<u>なかった</u>。/<u>没</u>（来）电话。
（14） 仕方が<u>ない</u>。/<u>没</u>办法。

的确上面例句中的「ない」都可以用汉语的"没（有）"来表达，而且意思基本不变。但是并非所有的「ない」都可以用汉语的"没（有）"来表达的。比如：

（15） 久保田のこれまでの人生や芯の強さを証明するような、<u>屈折した所のない</u>笑い方。（YUKANG语料库）
（16） 彼の呟く日本語も、疲れた耳にほとんど<u>関心がなかった</u>のです。（YUKANG语料库）

例句（15）和（16）中的「ない」的用法对汉语为母语的日语学习者来说是十分陌生的，而且在相同的语境条件下，汉语通常是不能用"没（有）"来表达的。这就是说，尽管日语单独构成谓语的「ない」与汉语"没（有）"的表义功能具有一定的相似性，但是，「ない」是具有自己独特的构句和表义体系的。

例句（5）「不幸せだ」「無関心だ」「非常識だ」「未婚だ」都是依靠词缀的形式来表否定的。这类否定形式虽然受到了汉语构词法的影响，不过，在长时期的使用过程中已经形成了日语独自的构词法体系，因此有很多词缀的用法与汉语的用法之间存在一些区别。「不」「無」「非」「未」这些词缀可以与何类名词共现或不能与何类名词共现，这需要从日语的构词法体系出发去抽取规则。

例句（6）「だめだ」和「無理だ」都是依靠词汇义来表否定的。从逻辑理论上讲，例句（5）和（6）的用法在形式上都是用来表述一种肯定的命题[4]，因此，这类词汇否定形式大多数存在对应的语法否定形式。比如：

（17）不幸せではない、無関心ではない、非常識ではない、未婚ではない

（18）だめではない、無理ではない

例句（7）「すまない」「否めない」「腑に落ちない」都是利用熟语形式来表否定，通常这类形式不存在对应的肯定形式。

例句（8）「言いかねる」「言いそびれる」「言い損なう」「言い難い」这类用法大多数属于复合词，它们依靠复合词的后项语素的语义来表否定[5]。

总而言之，词汇否定形式用来表述否定义时，有两种情况：

① 依据词缀义（前项语素义）来表否定。

比如，例句（4）和（5）的「不・無・非・未＋N」。

② 依据词汇义或后项语素义来表否定。

比如，「だめだ」「無理だ」「言いかねる」「言いそびれる」「言い損なう」「言い難い」。

15.1.2 日语的语法否定形式

语法否定通常也可以称做否定句，或否定句式，指的是动词、形容词和"名词＋だ"等后接「ない」并以此构成谓语的否定形式。比如[6]：

（19）食べない

（20）高くない

---

[4] 否定句也可以用来表达一种肯定的命题。比如，"他不喝酒"有可能是对"喝酒"的否定，也有可能是表述说话人对某个事实的肯定。

[5] 工藤（2000a：102）认为例句（5）的用法属于词汇性否定。

[6] 详见工藤（2000a：99-104）或森田（2002：257-272）。「ぬ」「ず」也属于语法性否定，但本章不讨论这个问题。

（21）静かではない

（22）会社員ではない

例句（19）是动词谓语句，例句（20）是形容词谓语句，例句（21）是"ナ形容词"谓语句，例句（22）是"名词+だ"谓语句。当充当谓语的动词、形容词、"ナ形容词だ""名词だ"与「ない」共现时，都必须改变词尾（或系词だ）的形式[7]，依靠语法手段来表达否定。所以，这类用法通常称做语法否定。

语法否定主要有以下几种形式：

① 基本形式[8]。

 a. 动词+ない。

  （23）食べない

 b. 形容词+ない。

  （24）高くない

 c. ナ形容词+ではない。

  （25）静かではない

 d. 名词+ではない。

  （26）会社員ではない

除此之外，还存在一些其他的形式。比如：

② 其他形式[9]。

 a. Vそうもない。

  （27）そこには厚い壁で囲まれた、とても逃げ出せそうもない、牢獄の堅牢さまでが感じられる。（YUKANG语料库）

 b. VP+のではない。

---

[7] 在有些方言和年轻人的流行说法中（主要是形容词）也有不改变词尾形式直接后接「ない」的说法。

[8] 包括各类礼貌语和敬语以及口语中的简略形式，也包括与时体语法标记共现的各类形式。

[9] 这里只举例，并非囊括全部。

（28）違う、米倉から聞いたのではない。（YUKANG语料库）

c. VP+までもない。

（29）聞きただすまでもない、貞子よりほかにはたれもいない。（YUKANG语料库）

d. VP+には及ばない。

（30）でも、パパが、そんなものわざわざお届け下さるには及びません、って言ったのよ。（YUKANG语料库）

e. VP+なくは（も）ない。

（31）すこぶる、実際的だったし、今までおれに言いづらかった気持も、分らなくはない。（YUKANG语料库）

f. VP+ないことは（も）ない。

（32）いいえ、できないことはありませんよ。（YUKANG语料库）

g. VPなくない。

（33）このマンガ、おもしろくなくない？（滝浦2000）

基本否定形式和其他否定形式都是用来表示语法上的"怎么否定"的。由于语法否定形式需要伴随某种表否定义的语法标记，而且，该表否定义的语法标记通常都位于句末，因此，在形式上看起来好像是用来否定动词或形容词的。但是，在很多情况下，真正要否定的对象不一定是动词或形容词本身，而是句中的某部分信息。比如：

（34）魚を生では食べない。（井上優1997：351）

在例句（34）中，「ない」虽然接在动词「食べる」之后，从形式上看起来似乎用来否定「食べる」，但实际上这里的「ない」真正要否定的对象不是「食べる」，而是「生（の魚）」。即"鱼是吃的，但不吃生鱼"。

这个问题与否定辖域（否定のスコープ/scope）和否定焦点（否定のフォーカス/focus）两个概念有关。下面我们就来考察一下这个问题。

15.2 日语语法否定标记的否定对象——否定什么

否定辖域指的是"可能的否定范围"，否定焦点指的是"实际上的否定对象"。比如：

（35）納豆を買わ<u>なかった</u>。

在没有任何语境提示的情况下，例句（35）首先被激活的是用来表达"施事没有买纳豆"义。「納豆を買う」是否定辖域，也是否定焦点。如果将例句（35）中的「を」换成「は」，如例句（36），

（36）納豆は買わ<u>なかった</u>。

此时「納豆を買う」依旧是否定辖域，但否定焦点发生了变化。由于「は」的作用，否定焦点移至「納豆」。也就是说，例句（36）真正要否定的对象不是「買う」这个动作，而是「納豆」。此句用来表达"施事买了别的东西，但没有买纳豆"义。

当句子的成分有所增加时，否定的焦点也会发生移动甚至会变得模糊起来。比如：

（37）スーパで納豆を買わ<u>なかった</u>。

例句（37）增加了「スーパで」这个成分，在这个句子里，「スーパで納豆を買う」是否定辖域，但否定焦点可能会有两个，一个是「スーパで」，一个是「納豆を」。当否定焦点在「スーパで」时，用来表达「納豆は買ったが、スーパではなかった」义，真正的否定对象是「スーパで」，而不是「納豆を」。与此相对，当否定焦点在「納豆を」时，用来表达「スーパで買い物をしたが、納豆は買わなかった」义，真正的否定对象不是「スーパで」，而是「納豆を」了。

有的时候，句中的指示词可以减弱这种模糊性。比如：

（38）あのスーパで納豆を買わ<u>なかった</u>。

在例句（38）中，尽管背景义中可能会蕴含其他语义，但首先被激活的否定焦点应该是「あのスーパで」，而不会是「納豆を」。

工藤（2000b）举了以下的例句来说明否定焦点的问题。

（39）風邪をひいたので昨日太郎は<u>学校に行か</u>なかった。

（40）めずらしく会議の席上社長は自分の意見を<u>強く</u>主張しなかった。

（41）おしゃれな人は<u>毎日同じ洋服を着</u>ない。

（42）太郎は<u>いい加減なことを言う男</u>ではない。

（43）太郎は論文を<u>全部は（半分も）</u>書いていない。

（44）この仕事は<u>半年では</u>完成しない。

（45）太郎は<u>大学の先生</u>ではない。

工藤认为，画线的部分都是真正的否定对象，即否定焦点。比如，例句（41），「おしゃれな人」不可能不穿衣服，只是「毎日」都不穿「同じ」的衣服。

与（39）～（44）相比，例句（45）是一个模糊句。这个句子有两个否定焦点，一个是「大学の先生」，一个是「大学の」。当否定焦点在「大学の先生」时，这个句子可以用来表示「太郎」不是「大学の先生」，而是「大学の事務員」或其他职业义；当否定焦点不在「大学の先生」，而是在定语「大学の」时，这个句子可以用来表示「太郎」不是「大学の」老师，而是「中学校の」（或其他单位的）老师义[10]。

除了否定焦点具有模糊性外，否定辖域也会出现模糊义。片岡（2006）举过一个非常经典的例句来说明这个问题。

（46）厚くて重くない本

---

[10] 日语的「先生」还可以用来称呼"政治家""律师"和"医生"，因此，也可能是指这类职业。

例句（46）的句子结构可以有两种解释。

① ［厚くて重くない］本
② ［厚くて［重くない］］本

当例句（46）解释为①「［厚くて重くない］本」时，「厚くて重く」为否定辖域，表示"既不厚又不重的书"。当解释为②「［厚くて［重くない］］本」时，「重く」为否定辖域，而「厚くて」就不是否定辖域了，表示"厚但不重的书"。

15.3 全部否定和部分否定

全部否定指的是否定辖域内的全部信息都被否定的否定形式，部分否定指的是否定辖域内的一部分信息被否定的否定形式。

日语在表达全部否定时，常用的句式主要有以下几种：

① すべてが～ない。

（47）服装、行動、日常生活のすべてが、尋常でなかった。（YUKANG语料库）

② 疑問詞も～ない。

（48）当時としては途方もない構想だったが、だれも反対しなかった。（YUKANG语料库）

（49）そしていろんな鍵を出して試みたが、どれも合うのはなかった。（YUKANG语料库）

（50）春休みに、当てにしていた、藤原俊夫と黒谷久男は、どちらもやって来なかった。（YUKANG语料库）

③ いつも～ない。

（51）礼子は赤飯を炊いて夫の進級を祝おうにも、いつも夫はそばにいなかった。（YUKANG语料库）

④ 一Nも～ない。

（52）きのうから一口も食べてないんだもんな。（YUKANG

（53）プラットフォームには人が<u>一人</u>も<u>いなかった</u>。（YUKANG语料库）

⑤ 常に〜ない。

（54）貧血をおこす者は<u>常に絶えなかった</u>。（YUKANG语料库）

⑥ まったく（絶対に）〜ない。

（55）しかし、山本五十六にこういう女がいたという事は、戦前戦中はもとより、戦後も約十年間一般には<u>まったく</u>知られて<u>いなかった</u>。（YUKANG语料库）

（56）たとい多数意見であろうとも、本職在任中英語教育の廃止というようなことは<u>絶対に</u>これを行わせ<u>ない</u>方針であるから、左様承知をしておいてもらいたい。（YUKANG语料库）

⑦ すこしも〜ない/すこしのNも〜ない。

（57）痛みは<u>すこしも感じなかった</u>。（YUKANG语料库）

（58）十日前と<u>すこしの</u>変化<u>もない</u>。（YUKANG语料库）

⑧ V連用形＋も/さえ＋しない。

（59）しかし、老人は、もう振向き<u>もしなかった</u>。（YUKANG语料库）

（60）また理解しようと努力<u>さえしない</u>だろう。（YUKANG语料库）

这里所涉及的全部否定的句式所依据的是句法形式。但是，当句式中出现表非全部否定的副词时，比如「殆ど」，能不能看做全部否定就需要讨论了。从逻辑关系上讲，如果不是百分之百的否定，哪怕是99％，也不能看做全部否定。比如：

（61）山本は軍刀と手帳とハンカチ塵紙以外は<u>ほとんど</u>何も所持して<u>いなかった</u>。（YUKANG语料库）

（62）昨夜はほとんど一睡もしていなかった。（YUKANG語料库）

（63）ひたすらカミルの肉体的存在に心を引かれて、彼女たちには殆んど注意さえしないアニェースを、姉妹はしみじみ眺めやった。（YUKANG語料库）

在例句（61）～（63）中，从语法角度来看，似乎都不能看做全部否定。因为，既然要求「殆ど」共现，这就说明在否定上还留有余地。不过，在语用上，以日语为母语的人大多数情况下都将其用做表达全部否定。

日语在表达部分否定时，常用的句式主要有以下几种：

① ～のではない。

（64）私はこのカメラを新宿で買ったのではない。秋葉原で買ったのだ。（庵・高梨・中西・山田2001：302）

② ～わけではない。

（65）このケーキはまずいわけではない。（庵・高梨・中西・山田2001：302）

③ 必ずしも～ない。

（66）当時、鱗形屋の定飛脚から出たものとして諸方に伝わった聞書なるものは必ずしも当日の真相を伝えてはない。（YUKANG語料库）

④ あまり～ない。

（67）部下を相手の麻雀やブリッジにはあまり熱を入れなかった。（YUKANG語料库）

⑤ すべて～というわけではない。

（68）それに、他社がすべて敵というわけではない。ビジネスとは、他社と持ちつ持たれつ、共存・協力していくこと（書き言葉均衡コーパス）

⑥ いつも〜というわけではない。

（69）いつもいつも猫探しの依頼があるというわけではないから、一カ月を通してみればたいした収入にはならなかったけれど（書き言葉均衡コーパス）

上面这些句式都用来表达部分否定。比如，按照庵・高梨・中西・山田（2001：302）的解释，（64）否定的不是"我在新宿买照相机"整个事件，而是买照相机的地方，（65）否定是「まずい」。这里被否定的部分相当于否定焦点。

除了上面这些有标的句式外，「数量词〜ない」中，数量词是否后接「は」，也可以用来区分全部否定和部分否定。比如：

（70）全員出席しない。（全部否定。井上優1997：351）

（71）全員は出席しない。（部分否定。井上優1997：351）

当句中没有「は」共现时表示全部否定，当句中有「は」共现时便用来表部分否定。类似的句式还有：

（72）残念ながら全部は話せないから、毎日あそこで起ることの見本になりそうなものを（YUKANG语料库）

（73）死んでもすべては無にはならない。それを彼等にいわねばならぬ。（YUKANG语料库）

从例句（70）〜（73）中可以看出，与「は」共现的都是「全員」「全部」「すべて」这类表满额数量的名词。当否定句中表满额数量的名词与「は」共现时，该否定句用来表部分否定，而不表全部否定。这可以用下面的公式来表示。

（74）Nは〜ない（共现条件：当N为满额数量名词时）

全部否定与部分否定是相对的，当句中出现其他成分时，由于这些成分表义功能的作用，两者的关系可以逆转。比如，本来用来表全部否定的可以变为表部分否定。形成这种逆转关系的条件除了以上所涉及的表现形式之外，还会存在其他情况。至于还存在什么样的情况，其面纱还尚未揭开。

15.4 双重否定句与表义功能

双重否定句指的是"否定语法标记+否定语法标记"的句式[11]。日语中的双重否定句有两大类：

① V+（②以外的各类）否定形式+否定形式。

② Vなくない。

15.4.1 V否定形式+否定形式

第一类的"V+（②以外的各类）否定形式+否定形式"主要有以下几种形式：

① Vなくは（も）ない。

（75）麻生から工作してくれと言ってるふうにもとれ<u>なくはない</u>。（YUKANG语料库）

② Vないことは（も）ない。

（76）実際をいえば、浜子だって覗いて見たく<u>ないことはない</u>。（YUKANG语料库）

③ Vないわけには（も）いかない。

（77）その年齢と思いあわせれば口惜しくても美しいと認め<u>ないわけにはいかない</u>。（YUKANG语料库）

④ Vないわけでは（も）ない。

（78）どうしてもといわれれば一杯くらい飲め<u>ないわけではない</u>。（YUKANG语料库）

⑤ Vないではない。

（79）朝は帰つて来る筈だが、ほんとに帰って来るかしら？心配<u>しないではない</u>。（YUKANG语料库）

⑥ Vざるを得ない。

---

[11]「Vなければならない」「Vなくてはならない」「Vないといけない」「Vないとだめだ」和「不幸ではない」「無理ない」「否定できない」也可以看做双重否定，但本章不讨论这个问题。

（80）若く個性ある女性たちに支持されたか、判断に苦しま<u>ざるを得ない</u>（YUKANG语料库）

⑦ Vずにはいられない。

（81）小野さんは、どんな舟でも御乗んなさいと云われれば、<u>乗らずにはいられない</u>。（YUKANG语料库）

⑧ Vないというわけではない。

（82）立派な長所や、さらにいえば美徳といったようなものが認められ<u>ないというわけではない</u>。（YUKANG语料库）

这类双重否定形式的否定成分可以分作两个部分，前项否定和后项否定。在上面的句式中，无论是前项否定还是后项否定，否定义通常都会被同时激活。

通过对例句（75）～（82）的观察可以得知，双重否定既可以用来表全部否定，如例句（77），也可以用来表部分否定，如例句（75）（76）。如果说否定形式一定会伴随否定辖域和否定焦点，那么，这类双重否定形式也应该有否定辖域和否定焦点。不过，这个问题研究的人甚少，现在还只处在一个假设的阶段。

在考虑双重否定形式的否定辖域和否定焦点这个问题时，有一个首先需要特别关注的问题，这就是谁在支配否定辖域和否定焦点，是前项否定「ない」，还是后项否定「ない」，或是两者的复合体。

15.4.2 Vなくない

双重否定形式中的第二类否定形式「Vなくない」有两大类，一类是后项「ない」表否定义，一类是后项「ない」不表否定义。为了方便表述，前者用「Vなくない$_1$」，后者用「Vなくない$_2$」来表示。比如：

（83）吉田にとってはそれを辛抱することは出来<u>なくない</u>ことかもしれなかった。（YUKANG语料库）

（84）「仕方ねえさ」幸次は言った。「仕方なくないよ。ひどい目に遭ったのは、あんたじゃないか」(YUKANG语料库)

例句（83）和（84）后项「ない」都用来表否定，这两个例句属于「Vなくない₁」。与此相对，例句（85）～（89）就不同了[12]。

（85）このアンケート、何が聞きたいのかわからなくない？
（86）このマンガ、おもしろくなくない？
（87）モスバーガーって、マックと比べておいしくなくない？
（88）お腹すかなくない？/腹へらなくない？
（89）免許、とりたくなくない？

例句（85）～（89）中的后项「ない」都不表否定，这些句子属于「Vなくない₂」。无论从语法角度来看，还是从语用角度来看这类双重否定句式都是非常特殊的说法。即使在日语为母语的人当中也并非都能得到普遍认可的，就是在年轻人当中，也有相当一部分人是不认可这种说法的。之所以不认可，有两个原因，一个是属于一部分特殊人群的说法，一个是自己绝对不用[13]。

「Vなくない₂」似乎不能简单地解释为负负得正。比如：

（90）先日テレビで『踊る！さんま御殿！！』を見ていたときのこと。AKB 48の何とかいう女の子（名前はわからない）がトーク中には「かわいくなくない？」というフレーズを使っていた。さんまさんが、「『かわいくなくない？』って『かわいいよね』っていう意味やんなあ」と聞く。

(http://diary9246.skr.jp/2011/10/post-211.html)

例句（90）中的「かわいくなくない」主持节目的さんま就理解成了表「かわいいよね」义，后项的「ない」的否定义实际上并没有被激活。因此，「かわいくなくない」一般也只需说成「かわいくな

---

[12]（85）～（89）的例句来自滝浦（2000）。
[13] 我们在关西学院大学的学生中间做过6次问卷调查，说自己绝对不说的学生在课后，竟然也无意识地用「なくない」来征求他人的意见。

い」就达意了。由于句尾语调上升，这个句式在语法研究中可以看做否定疑问句。但是，句式虽然属于否定疑问句，但主要用来表达的却是说话人的建议、劝诱或征求对方的意见等义，而不是质问对方，也不是反问和反话。

既然「かわいくなくない」与「かわいくない」同义，为何一定要再后接一个「ない」呢？这似乎有点画蛇添足。而且，如（91）所示，对其的理解也因人而异。究竟是什么原因促使这类否定形式的出现并得到使用，这些问题不仅是否定句的研究课题，同时也是研究语言表达与对人关系的绝好材料。

（91）「～ない？」という表現は、断定を避けて相手の同意を求めるときに使う。たとえば、ある商品が、その品質や量にしては高いと思ったときに、「これって高くない？」と言う。「高い」と断定するのではなく、「私は高いと思うけど、どう思う？」と相手の意見を求める表現だ。そうすると「高くないと思うんだけど、どう思う？」とか「高くないよね」という気持ちを表したいときは「高くなくない？」になる。この「なくない？」という表現、最近の若者ことばの中では、珍しく理論的におかしくなくない？

(http://diary9246.skr.jp/2011/10/post-211.html)

这类双重否定形式还有一个非常显著的特点，这就是出现在非疑问句中的表义功能与出现在疑问句中的表义功能是不同的。

在非疑问句中，这类句式用来表说话人的看法、征求对方的意见，不具备向对方发出邀请义，第2个「ない」主要用来表达否定，如例句（83）和（84）。再比如：

（92）縞のスラックスに赤いセーターを着ている。それが決して似合わなくないのが不思議だった。（YUKANG语料库）

（93）「理由がなければそんなことせんよ」「その理由とは」「だから、あんたたちには関係ない」「な<u>くない</u>ですよ。私たちが知らずにその理由に抵触したら、殺されるんでしょう」（YUKANG语料库）

相反，在疑问句中，这类句式除了可以用来表达说话人的看法、征求对方的意见外，还用来表达向对方发出邀请等义，再比如例句（94）～（96）。汉语里不存在与此对应的表达形式。

（94）ホークスって黙々と野球に勝つチームじゃない？あんまおちゃらけ<u>なくない</u>…？阪神みたいに遊びじゃねぇんだ。おちゃらける選手もいますよ。（書き言葉均衡コーパス）

（95）「とりあえず、司が何やら心配してることはわかった。でも、それって違わ<u>くない</u>？そんなの理屈じゃないでしょうが。なっちが手を握ってきて、アンタが握り返した。それが事実」（YUKANG语料库）

（96）（私2行目ですでにギブなんだけど。）（てか、これって授業きいてたら解けるとか、そーゆー問題じゃな<u>くない</u>？）案の定ざわめき始める生徒達。（YUKANG语料库）

虽然现在依旧有些人不认可「Vなくない$_2$」类双重否定的说法，但在现代小说当中，如同上面所举的例子一样，已经可以比较容易地观察到这类否定形式的例句。这就说明这个句式不仅会对读者产生影响，而且也会要求读者正确解读这类否定形式的语义。不过，对研究日语的人来说，解读语义不是研究的最终目标，而阐明这类否定形式的形成和使用的原因才应该是研究的核心目的。

15.5 否定疑问句的选择与对人关系

否定疑问句指的是以"表否定的语法标记＋表疑问的语法标记"或"表否定的语法标记＋升调"结句的句式。否定疑问句根据句尾的升降调，还可以再分为句尾升调否定疑问句和句尾降调否定疑问句两大类。句式的小类有很多，主要可以分为3类：

① 〜ではないか。

② 〜ませんか。

③ 〜ない？[14]

15.5.1 〜ではないか

「〜ではないか」通常用来表述说话人的某种语气，在表否定义的时候要受到语法和语境的制约，如果不能满足这些制约条件，否定义不会首先被激活。在表达说话人的语气时，句尾升调还是降调将影响表义功能。这个问题前人研究已经有过很多的论述，这里我们主要介绍一下田野村（1990）的分类和论述。

田野村（1990）认为「〜ではないか」可以分为3大类，并用「ではないか$_1$」「ではないか$_2$」「ではないか$_3$」来表示各类。

第1类「ではないか$_1$」中的「ない」不表否定，「ではないか$_1$」主要具有以下几种表义功能，

① 以惊讶、惊奇或感慨的态度来表达所发现的情况或事态，多数是说话人感到意外的事情。比如[15]：

(97) やあ、谷村じゃないか。

(98) なかなかうまいじゃないか。

(99) 何だ、まだ誰も来てないじゃないか。

② 当事态是由对方的责任造成的时候，蕴含责备和批评对方义。

---

[14] 包括「〜ないだろうか」「〜ないでしょうか」等形式。

[15] 此处例句全部引自田野村（1990）。

比如：

（100）何するんだ。危ない<u>じゃないか</u>。

（101）国語5点、算数10点…。全然成績上がら<u>ないじゃないの</u>。

（102）電車行ってしまった<u>じゃないか</u>。

③ 说话人虽然面对的是刚出现的情况或事态，但对其中的某些信息已经把握或有着自己的看法，此时要求对方有所认识或回想起来，未必伴随责备等语气。比如：

（103）俺とおまえの仲<u>じゃないか</u>。遠慮しないで言えよ。

（104）諺に言う<u>じゃない</u>、腹が減っては戦はできぬって。

（105）少しぐらいわたしの話を聞いてくれでもいい<u>じゃない</u>。

④ 以「～（よ）うではないか」的形式表达劝诱对方，表明说话人的意志和决定。比如：

（106）さあ、行こ<u>うじゃないか</u>。（邀请，劝诱）

（107）（挑戦されて）受けて立と<u>うじゃないか</u>。（表明意志）

第2类「ではないか$_2$」中的「ない」不表否定，该句式通常要求句尾升调[16]，用来表推定，倾向于承认该语言所表述的事实[17]。比如：

（108）（谷村の不審な様子から）どうも犯人は谷村<u>じゃないか</u>？

（109）（空模様を見て）雨でも降るん<u>じゃないか</u>？

如果说「ではないか$_2$」与疑问具有语义上的连续性，这是因为这个形式针对说话人自己时可以用来表自问。不过，当针对听话人时，用来表达说话人提供某种判断和要求对方同意义。

第3类「ではないか$_3$」中「ない」与前面的不同，用来表否定。

---

[16] 在后接「～かなあ」「～かしら」时，可以使用降调。
[17] 包括「ではないだろうか」「ではあるまいか」等形式，在这些句式中，「か」是不能省略的。

比如：

（110）（犯人は谷村でないと教えられて）そうか、犯人は谷村<u>じゃないか</u>。

15.5.2 「～ませんか」和「～ない」

「～ませんか」和「～ない」除了接续条件和使用场面不同外，表义功能基本相似。「～ませんか」中的「か」根据与听话人的关系有的时候可以省略，「～ない」通常不要求「か」共现。比如：

（111）しかし値段が高すぎ<u>ない</u>？そう思い<u>ませんか</u>？デリバリーは高いのでここ数年注文していません。（書き言葉均衡コーパス）

在例句（111）中，「高すぎない」和「そう思いませんか」都是否定疑问句，但这里的「ない」和「ません」都不表否定，而是表征求对方的意见等义。

汉语里也有否定疑问句。但汉语的否定疑问句与日语的否定疑问句在表义功能上存在根本的不同。这种不同来自各自句式的预设和前提。

汉语的否定疑问句具有较强的言外之意，有的时候会蕴含反问或反话义，有的时候还会伴随责备、要求等义。比如，有一个日本朋友陪你去电器商店买数码相机，当你看到一款物廉价美的数码相机，正在犹豫是否要买时，如果你的日本朋友用汉语对你说"这款数码相机真不错，你不买吗"，你可能会觉得这个说法有些别扭。如果说成"这款数码相机真不错，你买吗（你买不买）"就容易接受了。这是因为"你不买吗"中还蕴含"你应该买，为什么不买呢"的言外之意。

同样的语境，日语的表达正好与汉语的相反。如果你对要买相机的日本朋友用日语说「このカメラ、めっちゃいいね。買う（買いますか）」，你的日本朋友一定会感到诧异。如果你说成「このカメラ、めっちゃいいね。買わない（買いませんか）」，你的日本朋友

就会觉得很自然了。这是因为「買う（買いますか）」具有较强的言外之意，即蕴含"（你不该买）你真买啊"等义。

因此，在日语中，凡是征求别人意见，向对方提出建议或要求时，无论对方与自己的关系如何，身份上是否存在上下之别，日语为母语的人通常不用一般疑问句，而会使用否定疑问句。再比如：

（112）停まったのは黒い車だった。「乗りませんか、お嬢さん」（書き言葉均衡コーパス）

（113）行ってみない？と娘が隆志を誘った。（書き言葉均衡コーパス）

（114）芳恵は笑って言った。「あなた、どう？」「どう、って…」「一度、よかったら彼とデートしてみない？お貸しするわ」（書き言葉均衡コーパス）

在表达说话人征求对方的意见，或劝诱对方做某事时，并不是不能使用一般疑问句。比如：

（115）乗りませんか？→乗ります[18]？

（116）行ってみない？→行ってみる？

（117）デートしてみない？→デートしてみる？

但是，这种用法是有条件的，这个条件取决于说话人和听话人之间的人际关系。所以，当你和你的日本朋友之间的关系尚未达到很亲密的关系时，通常是不能用一般疑问句来征求对方的意见、向对方提建议或要求对方做某事的。所以，「お腹空きましたか」「食堂へ行きますか」「ラーメンを食べますか」「先生、お時間がありますか」这类说法，无论你是否使用礼貌语或敬语，都会让对方感到别扭和不舒服。

---

[18] 在口语中，通常是不用「か」的。因为添加「か」之后，有的时候语义会变得比较生硬。

15.6 否定句与否定表达以及研究课题

否定句指的是句中出现「ない」的句子，否定表达指的是表达说话人否定意思的各类形式。前者是语法范畴的问题，后者是语义和语用范畴的问题。

在否定句的语法研究中，否定句式的形成，否定辖域和否定焦点，全部否定和部分否定，否定句式与表义功能的关系以及本章没有涉及的否定句与时体表达之间的关系，这些都是十分重要的研究课题。

除此之外，否定句研究中还有一个十分重要的课题，这就是否定句的表义功能的研究。否定句并非都用于否定表达，还可以用来表达其他的意思。比如，森田（2002）就指出日语的语法否定句不仅可以用来表达否定，还可以用来表确认、推测、委婉表述、愿望和希望、劝诱和命令、感动和感叹等义。再比如，前面讨论的否定疑问句与双重否定句，这两者都是否定句，但都可以不表说话人的否定意思。

在表义功能上，日语的否定句，特别是双重否定句中的「おもしろくなくない」句、否定疑问句与汉语的否定句之间存在相反的情况。也就是说，日语的否定体系与否定的思路与汉语的不同。这种思路上的不同有的时候会造成双方理解上的障碍，甚至会引起不必要的误解。

否定是人类共同的命题，因此，从逻辑上讲，所有的语言中都应该存在否定句和否定表达。选择什么样的形式来表达否定，不仅与地域文化或民族文化有着不可分割的关系，而且有的还会受到人际关系的支配。要阐明这些问题有待于研究的不断深化和大家不断的努力。

第 15 章　日语的否定句与否定表达的研究

 思考题
[1] 请举例说明"否定辖域"和"否定焦点"。
[2] 请举例说明否定疑问句可能的分类和表义功能。

本章参考文献

［1］庵功雄，高梨信乃，中西久実子，山田敏弘.中上級を教える人のための日本語文法ハンドブック[M].東京：スリーエーネットワーク，2001.

［2］石黒圭.否定表現の文脈依存性[J].一橋大学留学生センター紀要　第2号，1999.

［3］井上優.否定表現[M]//小池清治，小林賢次，細川英雄，犬飼隆.日本語学キーワード事典.東京：朝倉書店，1997.

［4］片岡喜代子.日本語否定文の構造：かき混ぜ文と否定呼応表現[M].東京：くろしお出版，2006.

［5］加藤靖彦，吉村あき子，今仁生美.否定と言語理論[M].東京：開拓社，2010.

［6］工藤真由美.否定と呼応する副詞をめぐって—実態調査から—[J].大阪大学文学部紀要39，1999a.

［7］工藤真由美.現代日本語の文法的否定形式と語彙的否定形式[J].大阪大学日本語学講座.現代日本語研究6号，1999b.

［8］工藤真由美.2否定の表現[M]//金水敏，工藤真由美，沼田善子.時・否定と取り立て.東京：岩波書店，2000a.

［9］工藤真由美.彼は風邪くらいでは休まないよ—否定のスコープと焦点—[J].月刊言語11号.東京：大修館書店，2000b.

［10］近藤泰弘.否定と呼応する副詞について[M].日本語文法—体系

と方法―. 東京：ひつじ書房，1997.

[11] 佐久間鼎. 否定的表現の意義[M]. 日本語の言語理論的研究. 東京：三省堂，1943.

[12] 滝浦真人. 今月の特集面白くなくない？ ―肯定と否定のあいだにあるもの―[J]. 月刊 言語 第11号. 大修館書店，2000.

[13] 田野村忠温. 補説C 否定疑問文の類型[M]. 現代日本語の文法I. 東京：和泉書院，1990.

[14] 寺村秀夫. ムードの形式と否定[M]. 英語と日本語と. 東京：くろしお出版，1979.

[15] 仁田義雄. 日本語疑問表現の諸相[C]. 言語学の視界―小泉保教授還暦記念論文集―. 大学書林，1987.

[16] 原田登美. 否定との関係による副詞の4分類[J]. 国語学 128，1982.

[17] 益岡隆志. 第4章疑問と否定のスコープ[M]. モダリティの文法. 東京：くろしお出版，1991.

[18] 益岡隆志，田窪行則. 第7章疑問と否定の表現[M]. 基礎日本語文法 改訂版. 東京：くろしお出版，1992.

[19] 水野まり子. 否定対極のメカニズム「魚一匹いない」と「一匹の魚もいない」[J]. 神戸大学留学生センター紀要1，1993.

[20] 森田良行. 基礎日本語1[M]. 東京：角川書店，1977.

[21] 森田良行. 第16章否定表現の諸相[M]. 日本語文法の発想. 東京：ひつじ書房，2002.

后　记

　　通过上面14个专题的讨论，我们可以发现日语语法研究有很多事可做，对一个喜欢解谜的人来说，研究日语语法应该是一个不错的选择。不过，我上大学的时候并不喜欢语法，上语法课的时候，总是走神，总觉得语法研究是故弄玄虚。后来当了日语和汉语教师，在如何给学生简明扼要地提供一个正确的造句规则和得体使用句子的规则上吃了很多苦头，于是开始学习和研究语法。结果上了船就下不来了，现在觉得语法研究非常有意思，越学越有兴趣，并津津乐道，乐此不疲。

　　这本书动笔时，福建师范大学的林璋教授正好在我这里做客座教授，关于书稿内容的选择和安排，都与林璋教授进行过讨论。初稿完成后，我请他审稿把关。林教授是日语语法研究和汉日对比研究方面的专家，虽然是我的挚友，但审稿时林教授认真负责，不拘私情，从专业角度字斟句酌，开诚布公，直言不讳。特别是林璋教授回到福建师范大学后，用这本书试讲了一个学期，反馈回来非常宝贵的信息，真是得益匪浅。为了能够更加贴近学生的需求，同时我又请北京科技大学青年教师周彤博士审稿，周彤博士是后起之秀，她的研究得到日本和中国日语语法研究学者的一致好评。她在审稿时，细心周到，从布局的调整到行文的逻辑关系，从术语的运用到内容的安排，以及解释是否通俗易懂都提出了很多十分得体和诚恳的建议。二位审稿人的建议我基本上都照样采用。可以说，这本书没有林璋教授和周彤博士这两位语法研究专家的护航是不可能这么顺利完成的。在此谨向林璋教授和周彤博士致以真诚的谢意。

　　之后，主编潘钧老师数次细读了全部章节，提出了一些诚恳的建议，根据潘老师的建议进行了一些修改。出于个人习惯，在征得主编潘钧老师同意下，完稿之后，又放了4个月，于2011年3月和4月再

次进行修改。对潘钧老师的忍耐和敬业精神表示敬佩，在此向潘钧老师致以衷心的感谢。

本书能够付梓，还要感谢高等教育出版社李炎女士和张博学女士耐心和无私的辛勤付出。我的博士研究生熊仁芳、朴丽华、林春和在我这里做博士论文的日研中心的黄毅燕精心帮我校对了文字稿，在此也一并表示诚挚的谢意。希望这本书能够对大家有所帮助，能够引起大家对日语语法研究的兴趣和关心。

于 康

2012年2月

索　引

A

岸本模式　63
安装义　215
安装动词　87

B

伴随格　34
保留宾语被动句　211,217
编入项　96
变化　127,138
变化的持续　139
变化动词　87
变化结果的持续　163
表伴随程度性推测与对事件的把握方式　115
表层结构　31
表评价态度　115
表事件构成要素的把握方式　115
表说话人传递信息时的态度方式　115
表消极放任Y的状态变化的及物性致使　194
表述事件修饰词　114
表述态度修饰词　114
背景　40
背景义　78

被动句　198
被动型自动词　48
被致使者　182
必有论元　35
宾语　7,43
宾语后置型形式他动词　49
并列关系　93
并列结构　98
补足语　18,21
不快义　180
不及物动词　7
不具有"体"系统的动词　145
不完全型熟语结构　99
部分否定　233
部分位移　126

C

拆卸动词　87
陈述副词　108,113
成对他动词　53
成对自动词　53
程度副词　108,113
程度修饰词　115
逞强致使句　191
持续体　144
持续动词　144

251

抽象性的位置　128
出现动词　87
出发型动词的他动词化　50
出发型形式他动词　49
处所　34
处所词倒置句　2
处所词前置存在句　2
处所副词　110
处所格　34
词汇否定　226
词汇系统　93
词汇性复合动词　93
词汇性后缀结构　99
词汇性前缀结构　99
词汇性派生结构　99
词汇支配　96
词汇致使句　175
刺激的贫困性　1
从属关系语法　31
存在动词　87,147
存现句　2
存在所有句　20

倒置指定句　21
单纯的状态　159,164
单纯的状态描述　140
单纯自动词的他动词化　51
单独型自他动词　48
单一身份的动词　78
当事者被动句　206
第三者被动句或间接被动句　209
第四种动词　144
定语　21
动词谓语句　23
动词蕴含义　86
动词中心说　18
动补结构　90
动作的持续　139,163
动作动词　87
动作来源于施事　178
动作来源于施事的无意志动作致使句　180
动作来源于致使者　178
动作来源于致使者的无意志动作致使句　180
动作或事件发生后的状态　139
动作或事件发生后与现在的关系　140
动作或事件发生的时间　138
动作或事件发生时的状态　139

D

D结构　59
达到界限　149
打击动词　87

动作展开型动词的他动词化 50
动作展开型形式他动词 49
动作链的语义结构模式 81
断定句 21
对称型自他动词 48

E

二价动词 35

F

发话副词 113
发话行为副词 111
发现 159
发现动词 87
反复 138,158
反身性过程结果结构 98
放任义 180
放任致使句 191
方式限定结构 98
方向 132
非本意放任 180,193
非本意强制义 179
非编入项 96
非宾格自动词 58
非宾格性假设 58
非成对他动词 53
非成对自动词 53

非过程结果结构 97
非过去 142
非先后顺序型并列结构 98
非意图性放任 180
非意志动词 72
非作格自动词 58
非に格被动句 203
复合动词 90
复合结构 97
副词 104
副词性修饰成分 21,104
副词性修饰成分之间的共现顺序 105
否定辖域 231
否定焦点 231

G

感觉动词 146
感情动词 146
感叹应答副词 108
搁置义 180,181
格助词 44
格语法 31
工具 34
工具格 34
共现 7
关系动词 147

253

关系者被动句 206
归纳 10
过程持续 149
过程结果结构 97
过去 138,158
过去完成 140

H

核心义 149
怀疑派 46
获得 1
获得某种展望 159
获得某种状态 159
「走る」类移动方式位移动词 130

J

基本义 149
基本致使句 177
记录 140
基于内因的因果关系 182
基于外因的因果关系 182
激活 17
及物动词 6
价 31
价值判断副词 110
间接被动句 52,199,201,202,206,210,212

间接致使句 191
降格 39
降格被动句 200,203
接触动词 87
接续副词 107
结果补语 90
结果的存留 162
结果副词 82
结果修饰词 115
结果状态的持续 139
介词短语补语 91
经历者 60
经历者格 34
经验 162,168
静态动词 146
静止型动作动词 71
句法关系 94
句法系统 96
句法性复合动词 96
决定 159
句副词 110
句修饰副词 111
具有"体"系统的动词 145

K

开始 138
可能补语 90
可有论元 35

客体格 34
肯定 159
空范畴名词 213
空间配置动词 147

L

连词型自动词式"依据动词"的他动词化 50
连体修饰语 104
连用修饰语 105
临时存在句 28
领域指定副词 111
路径 132
路径格 34
论元 31

M

满额数量名词 236
蒙受不利被动句 207
蒙受损害义 179
名词谓语句 21
名词性修饰成分 104
命题内副词 109
命题内修饰成分 113
命题外副词 109
模糊义 232

N

内在状态动词 145
能动词 52
拟人法致使 190
粘着语素 17, 24
に格被动句 203

P

派生结构 97
派生源不同理论 212
派生源相同理论 212
派生致使句 177
判定句 21
盆景式结构 19
频度副词 110
频度修饰词 115
评价副词 112

Q

起点 132
谦让致使句 192
前景 40
前景义 78
前缀 92
前缀化 100
强调、程度副词 110
强加于人致使句 192

强制义　176,179
强制致使　190
强制致使句　191
强装门面致使句　191
情态补语　90
情态和语气　110
情态和语气修饰成分　114
请求许可致使　190
取出义　215
趋向补语　90
趋向位移动词　130
全部否定　233

R

人作用于人的致使句　177
认知动词　87
日语固有被动句　200
日语非固有被动句　200
容许义　179
容许致使　190

S

三价动词　34
上帝的视角　17
深层结构　33
生产动词　87
升格　39

升格被动句　200,204
施事　7,34,59
施事非显现被动句　208
施事格　34
施事显现被动句　208
施事位移动词　124
时　138,160
时间格　34
时间关系修饰词　115
时间上的限制　160
时间型形式他动词　49
时体　138
时体副词　110,112
实质派　46
实质他动词　48
使成格　34
事件　1
事件存在句　28
事件受影响被动句　213
释义关系　39
手段　34
受害被动句　200
受事　7,34,59
受事位移动词　125
受益格　34
受影响被动句　205
熟语结构　97

数量补语　91
数量副词　112
数量修饰词　115
属性　160
属性表述被动句　205
双宾语句　215
双重否定句　237
双重身份的动词　78
双语　5
说话人对动作或事件描述的角度
　　140
瞬间动词　144
思考/想像活动　184
思考动词　146
所动词　52
所有变化被动句　213
所有动词　87
所有权位移　215
所有者被动句　199,209
损害义　180
「滑る」类移动方式位移动词
　　131

T

他动词　43
他动词因果关系致使句　182
他动性和谐原则　94

他动性过程结果结构　98
态度动词　87
特性动词　147
体　138,160
同定句　22

V

$V_1 + V_2$　91
$V_1 + v_2$　92
$v_1 + V_2$　92
$v_1 + v_2$　92

W

外在运动动词　145
完成　140,158
完全他动　49
完全型熟语结构　99
完整体　142
位移动词　87,122
位移句　122
位移路径　123
位移义　101
未来　138
未来完成　140
谓语　20
谓语修饰副词　111
无标被动句　199

257

无界 130
无界趋向位移动词 130
无生物主语被动句 11,200
无意志动作致使句 178
物理性的位置 128

X

系词句 20
先后顺序型并列结构 98
现在 138
现在完成 140
现在依然有效的以前的动作行为 163
限定结构 98
想起 159
心理动词 87
行动元 31
行为方式副词 110,112
行为方式修饰词 115
行为对方被动句 206
行为受影响被动句 214
形式派 46
形式他动词 48
形容词谓语句 20
性质变化被动句 213
许可义 179

Y

要求 159
一般被动句 200,209
一般义 149
一价动词 35
一致型他动词的非一致型他动词化 51
"依据动词"的他动词化 50
移动方式位移动词 129
意图性强制义 179
意识活动 184
意志动词 72
意志动作致使句 178
意志型动词 48
意志型他动词 48,72
意志型自动词 48,72
意志性 71
意志性动作 71
因果关系的致使句 182
引起变化义 180
有标被动句 199
有界 130
有界趋向位移动词 130
有生物主语被动句 200
有意放任 180,193
右侧为主的关系 94
语法否定 228

语法观 15
语法化 90
语法性后缀结构 99
语法性派生结构 99
语法致使句 175
语素 24
语义指向 82
语义指向主体的修饰词 114
与格 34
源点格 34
运动型动作动词 71

Z

遭受不快义 179
真伪判断副词 111
整体事实义 150
整体位移 126
整体与部分存在句 28
知觉动词 146
之后未来 150
之前过去 150
直接被动句 52,199,201,202,
　　　　　　　206,209,212
直接对象被动句 206
直接自动词 49
指定句 21
指令义 179

致使被动致使句 192
致使型他动词 49
致使型自动词 49
终点 132
终点格 34
周边义 149
主格 19
主谓结构学说 15
主体变化动词 146
主体动作客体变化动词 146
主体动作动词 146
主语 19,21
主语表人被动句 208
主语表物被动句 208
状态变化被动句 213
状态动词 87,144
状态副词 107
状态限定结构 98
状态元 35
状态性被动句 217
状语 104
着衣动词 87
准必有论元 36
自动词 43
自动词因果关系致使句 182
自动性过程结果结构 98
自发可能被动句 11

自然性　71
自然型他动词　48,72
自上而下　17
自下而上　18
自由语素　24

郑重声明

高等教育出版社依法对本书享有专有出版权。任何未经许可的复制、销售行为均违反《中华人民共和国著作权法》，其行为人将承担相应的民事责任和行政责任；构成犯罪的，将被依法追究刑事责任。为了维护市场秩序，保护读者的合法权益，避免读者误用盗版书造成不良后果，我社将配合行政执法部门和司法机关对违法犯罪的单位和个人进行严厉打击。社会各界人士如发现上述侵权行为，希望及时举报，本社将奖励举报有功人员。

反盗版举报电话　（010）58581897　58582371　58581879
反盗版举报传真　（010）82086060
反盗版举报邮箱　dd@hep.com.cn
通信地址　北京市西城区德外大街4号　高等教育出版社法务部
邮政编码　100120